2021—2022年中国工业和信息化发展系列蓝皮书

2021—2022年中国消费品工业发展蓝皮书

中国电子信息产业发展研究院 编 著

刘文强 主 编

代晓霞 李博洋 副主编

电子工业出版社

Publishing House of Electronics Industry

北京·BEIJING

内 容 简 介

本书基于全球化视角，从2021年我国及全球消费品工业整体发展态势入手，详细介绍了我国消费品工业重点行业、典型地区、代表性企业的发展状况，梳理并剖析了国家相关政策对消费品工业发展的影响，预判了2022年我国消费品工业及其细分行业的发展走势。全书共分为综合篇、行业篇、区域篇、农产品深加工典型模式篇、企业篇、政策篇、展望篇七个部分。

本书可为政府部门、相关企业及从事相关政策制定、管理决策和咨询研究的人员提供参考，也可供高等院校相关专业师生及对消费品工业感兴趣的读者学习和借鉴。

未经许可，不得以任何方式复制或抄袭本书之部分或全部内容。
版权所有，侵权必究。

图书在版编目（CIP）数据

2021—2022年中国消费品工业发展蓝皮书 / 中国电子信息产业发展研究院编著；刘文强主编. —北京：电子工业出版社，2022.12
（2021—2022年中国工业和信息化发展系列蓝皮书）
ISBN 978-7-121-44592-7

Ⅰ．①2… Ⅱ．①中… ②刘… Ⅲ．①消费品工业－工业发展－研究报告－中国－2021-2022　Ⅳ．①F426.8

中国版本图书馆CIP数据核字（2022）第223701号

责任编辑：雷洪勤　　文字编辑：王天一
印　　刷：北京虎彩文化传播有限公司
装　　订：北京虎彩文化传播有限公司
出版发行：电子工业出版社
　　　　　北京市海淀区万寿路173信箱　邮编：100036
开　　本：720×1000　1/16　印张：9.25　字数：207千字　彩插：1
版　　次：2022年12月第1版
印　　次：2023年 5月第2次印刷
定　　价：218.00元

凡所购买电子工业出版社图书有缺损问题，请向购买书店调换。若书店售缺，请与本社发行部联系，联系及邮购电话：(010) 88254888，88258888。
质量投诉请发邮件至zlts@phei.com.cn，盗版侵权举报请发邮件至dbqq@phei.com.cn。
本书咨询联系方式：(010) 88254151，wangtianyi@phei.com.cn。

前　言

消费品工业是国民经济和社会发展的基础性、民生性、支柱性、战略性产业，涵盖了轻工、纺织、食品、医药等工业门类。改革开放40多年来，我国消费品工业稳步、快速发展，规模持续壮大，结构不断变化，技术装备水平稳步提高，产品质量水平持续提升，培育了一大批国内外知名品牌，已经建立了较为完善的产业体系，国际化程度日趋加深，成长为世界消费品的制造和采购中心，对国内外消费需求的保障和引领作用进一步增强。

2021年是"十四五"规划开局之年，也是消费品工业稳增长、深入实施"三品"战略的关键一年。在全球新冠肺炎疫情冲击、国外市场需求不振、国内产业结构调整等多重因素影响下，我国消费品工业依然实现平稳运行，生产、出口、投资、消费等主要经济指标较上年大幅提升，部分细分行业发展情况已达到或超过全球新冠肺炎疫情暴发前同期水平。

进入2022年，我国消费品工业发展面临的形势则更加复杂。在国际方面，全球新冠肺炎疫情持续蔓延，叠加区域冲突等不确定因素增多，导致大宗商品贸易走势和部分供应链环节面临调整，消费需求普遍不足，出口形势不容乐观；在国内方面，国家财政扶持政策更加细化，特别是针对中小企业，稳增长、促消费的系列举措落地见效，有助于推动消费品工业平稳发展。但结构调整阵痛持续，消费品工业发展机遇与挑战并存。

为全面把握过去一年我国消费品工业的发展态势，总结评述消费品工业领域一系列重大问题，中国电子信息产业发展研究院消费品工业研究所在积极探索实践的基础上，组织编写了《2021—2022年中国消费品工业发展蓝皮书》。该书基于全球化视角，从2021年我国及全球消费品工业整体发展态势入手，详细介绍了我国消费品工业重点行业、典型地区、代表性企业的发展状况，梳理并剖析了国家相关政策对消费品工业发展的影响，预判了2022年我国消费品工业及其细分行业的发展走势。全书分综合篇、行业篇、区域篇、农产品深加工典型模式篇、企业篇、政策篇、展望篇七个部分。

综合篇。从整体、区域和国家重点行业三个层面分析了2021年全球消费品工业的发展情况，然后从发展现状、存在问题两个维度分析了2021年我国消费品工业的发展状况，并提出相关对策建议。

行业篇。选取纺织工业、生物医药及高性能医疗器械行业、食品工业和锂电储能产业四大行业，从生产、效益以及重点产品或重点领域三个维度分析行业发展态势，剖析存在的突出问题。

区域篇。以我国典型省份为切入点，分析2021年我国主要区域消费品工业的发展情况，重点分析各区域运行基本情况，并总结归纳各地区消费品工业的发展经验与启示建议。

农产品深加工典型模式篇。从基本情况、加工利用模式的创新性和示范性、示范推广价值三个维度入手，介绍农产品深加工的典型模式，并总结分析其成功经验。

企业篇。选取轻工、食品、医药、新能源等行业中发展较好，具有代表性的几家企业，就其发展历程、发展战略及发展启示进行了分析和整理。

政策篇。梳理总结了2021年我国消费品工业领域出台的重点政策，介绍了各行业政策的主要内容和发力点，分析了政策对行业未来发展的影响。

展望篇。首先，梳理了国内主要研究机构对2021年全球消费品工业发展形势的预判；其次，从整体、重点行业两个方面对2022年我国消费品工业的发展趋势进行预判。

2022年，我国消费品工业发展面临下行压力，但也不乏机遇和有利因素，为推动消费品工业高质量发展，必须全面贯彻落实党的十九大和十九届历次全会精神，把握"稳中求进"总基调，坚持扩大内需的战略基点，立足新发展阶段，以供给侧结构性改革为主线，以深化"三品"专项行动为抓手，着力推进五个方面工作：一是持续扩内需促消费，释放内循环市场潜力；二是推进绿色低碳转型，增强产业内生发展动力；三是深入实施"三品战略"，开展"数字三品"行动计划；四是稳定出口贸易，更好地利用国内国际两个市场，加快推动双循环发展格局构建；五是加大扶持力度，促进中小企业持续健康发展。

《2021—2022年中国消费品工业发展蓝皮书》践行国内国际双循环、消费升级、绿色消费等理念，为我国消费品工业可持续发展提供了实践指导和研究支撑。本书的出版将有利于深化业界对消费品工业各领域的认识，有利于推动消费品工业向高质量、绿色化、数字化发展。由于消费品工业行业门类众多，国家间、行业间、地区间差异大，需要深入研究探讨和专题研究的问题很多，因此本书的疏漏和不足之处在所难免，希望读者不吝批评指正。

另外，因为有些数据统计有滞后性，所以书中某些引用的分析数据为往年的数据。

中国电子信息产业发展研究院消费品工业研究所

目录

综合篇

第一章 2021年全球消费品工业发展状况 002
- 第一节 产业发展整体态势 002
- 第二节 发达国家发展情况 004
- 第三节 新兴经济体及其他发展中国家发展概况 009

第二章 2021年中国消费品工业发展状况 011
- 第一节 发展现状 011
- 第二节 存在问题 017
- 第三节 对策建议 020

行业篇

第三章 纺织工业 024
- 第一节 发展情况 024
- 第二节 存在问题 030

第四章 生物医药及高性能医疗器械行业 031
- 第一节 发展情况 031
- 第二节 存在问题 035

第五章 食品工业 037
- 第一节 发展情况 037
- 第二节 存在问题 046

第六章	锂电储能产业	049
第一节	发展情况	049
第二节	存在问题	053

区 域 篇

第七章	典型地区分析	056
第一节	典型地区：江苏省	056
第二节	典型地区：广东省	059
第三节	典型地区：山东省	062
第四节	典型地区：北京市	065
第五节	典型地区：重庆市	069

农产品深加工典型模式篇

第八章	典型模式研究	073
第一节	泸州老窖股份有限公司	073
第二节	安琪酵母股份有限公司	076
第三节	好想你健康食品股份有限公司	079
第四节	溜溜果园集团股份有限公司	081
第五节	金沙河集团有限公司	083
第六节	重庆市涪陵榨菜集团股份有限公司	085
第七节	承德露露股份有限公司	087
第八节	三全食品股份有限公司	088

企 业 篇

第九章	重点企业研究	092
第一节	曲美家居集团股份有限公司	092
第二节	中粮集团有限公司	095
第三节	中国生物制药有限公司	097
第四节	新能源科技有限公司	099
第五节	云南白药集团股份有限公司	102

政 策 篇

第十章　2021年中国消费品工业重点政策解析 …………………… 106
　　第一节　《"十四五"医药工业发展规划》 …………………… 106
　　第二节　《关于完整准确全面贯彻新发展理念做好碳达峰碳中和工作的
　　　　　　意见》 ………………………………………………… 108
　　第三节　《"十四五"国家老龄事业发展和养老服务体系规划》 ……… 109
　　第四节　《"十四五"国家应急体系规划》 …………………… 111

展 望 篇

第十一章　主要研究机构预测性观点综述 …………………………… 115
　　第一节　消费品 ………………………………………………… 115
　　第二节　医药 …………………………………………………… 118
　　第三节　食品 …………………………………………………… 120
　　第四节　纺织 …………………………………………………… 122
　　第五节　轻工 …………………………………………………… 123

第十二章　2022年中国消费品工业发展走势展望 …………………… 129
　　第一节　整体运行趋势 ………………………………………… 129
　　第二节　重点行业发展走势展望 ……………………………… 131

后记 ……………………………………………………………………… 136

综合篇

第一章

2021年全球消费品工业发展状况

第一节 产业发展整体态势

一、消费品工业发展整体态势

2020年，全球新冠肺炎疫情蔓延适逢保护主义抬头、经济体之间贸易摩擦，导致经济下行压力加大，引发破坏性经济危机，对制造业产品生产、贸易、消费造成较大影响。从整体看，2020—2021年全球制造业复苏态势明显，恢复速度较2008年金融危机后更快。

主要经济体中，中国在2020年下半年成功恢复至全球新冠肺炎疫情前生产水平，2021年制造业主要行业生产水平较疫情前高出10%以上。新兴经济体（以下简称为"EIE"）及其他发展中国家在2021年年初基本恢复至疫情前生产水平，但呈现较大波动，部分国家在第二、三季度再次下跌至疫情前生产水平以下。发达国家中，美国自2021年下半年恢复态势较为明显，第四季度同比增长4.4%，带动北美地区制造业生产水平提升，欧盟第四季度同比增长1.8%，区域内不同国家差异明显，立陶宛连续三个季度同比增速超过20%，德、法第四季度同比分别下降1.9%、0.6%，受脱欧调整及其他因素影响，英国第四季度保持0.8%的同比小幅增长。

从消费品工业具体行业来看，与制造业整体态势相近，由于多数国家在2021年第一、二季度生产生活逐步恢复至较好水平，因此2021年上半年各行业生产增速普遍较快，医药行业增速持续领跑整个消费品行

业、食品和饮料等行业呈现稳健增长，而第三、四季度全球主要消费品行业生产水平增速普遍回落至个位数，其中，2021年第四季度纺织、橡胶与塑料行业同比分别下降0.2%、0.4%，行业发展面临下行压力。从2021年下半年生产态势看，中国食品工业、医药工业增速高于发达国家平均水平、EIE及其他发展中国家平均水平，发达国家塑料和橡胶制品行业增速总体较高，EIE及其他发展中国家木材加工、纺织相关行业、造纸等原料型加工行业增速总体更快。

展望2022年，受全球新冠肺炎疫情持续蔓延影响，保持工业经济平稳运行、刺激消费、畅通国际产业链供应链等成为各经济体重点工作任务，世界经济面临压力较大程度上仍取决于疫情防控进程，消费品工业整体表现将与制造业保持相近态势，同时，稳增长还面临区域局部冲突等不确定性因素影响，医药、食品、熔喷无纺布等生产消费受疫情防控拉动预计维持一定程度增长态势，但消费品行业整体承受巨大压力，不容忽视。

二、全球消费者信心情况

主要经济体消费者信心指数方面，如图1-1所示，美国全年消费者信心指数总体呈现先升后降的态势，具有一定波动性，2021年1—6月增速较好，4—6月指数达到全年较高值，进入下半年，由于通胀导致物价指数上涨、新冠病例持续增长等因素进一步显现，消费者信心普遍不足，自8月起，指数持续低于73点，其中，11月指数降至67.4，成为近10年来最低值。欧盟方面，消费者信心指数延续近年来的低迷态势，全年各月指数维持在-16.5至-4.5之间，但较上年有所回升，月度指数平均值较上年增长超过10个点，其中，2021年6—10月指数保持在-6.1至-4.5之间，达到近两年来最好水平。日本全年消费者信心指数在2020年达到近20年最低水平，2021年继续维持较低水平，但较2020年有所回升，月度指数平均值增长5.2个点。2021年中国经济持续复苏、平稳运行，GDP同比增长8.1%，总量突破110万亿元大关，消费品生产供给充足，随着生产生活逐步恢复，网络消费、线下消费均实现较好发展，全年消费者信心指数维持在117.5至127之间的水平，月度指数平均值较上年增长1.7个点，但仍低于2019年124.8的月度指数平均值。

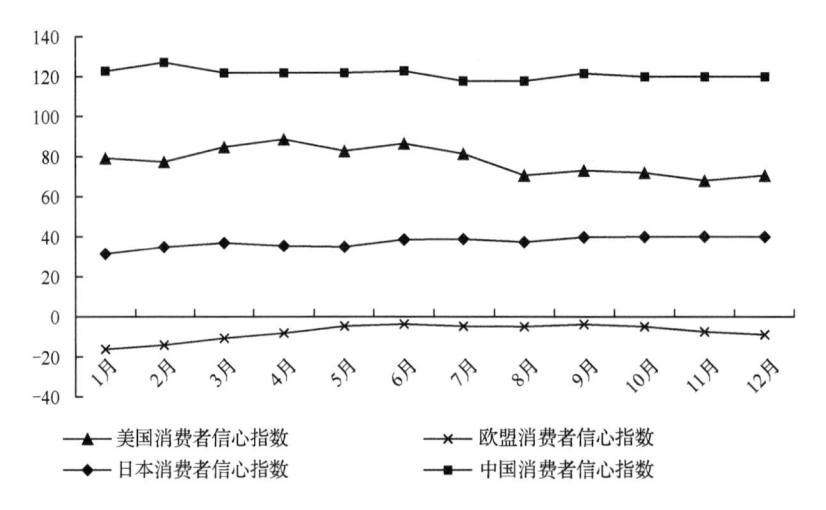

图 1-1　2021 年 1—12 月主要经济体消费者信心指数变化情况

数据来源：Wind 数据库，2022.4

第二节　发达国家发展情况

一、发达国家消费品工业发展整体态势

2021 年，发达经济体消费品工业 1—4 季度生产增速较上年同期均有较好恢复，主要国家在第一、二季度增速较快，第三、四季度增速有所下降、趋于平稳，从下半年情况看，医药增速仍较快，第三、四季度同比增速分别达 13.9%、17.2%，其他行业同比增速均降至个位数水平，食品、饮料保持 1.7% 至 5.7% 之间的平稳增速，纺织、服装、皮革等纺织相关行业增速高于食品行业，木材加工、家具、橡胶与塑料、造纸、印刷与出版等行业增速保持在 3% 至 5% 之间。

二、美国提振消费发展相关举措

全球新冠肺炎疫情发生以来，美国政府启动多轮财政刺激计划，通过刺激政府投资消费、提振居民消费两方面拉动消费。在前四轮财政刺激计划总金额达 3.9 万亿美元，美国政府投入其中约 27% 用于支持居民生活和消费，约 24% 用于政府端，其中，15% 用于美联储工具、9% 用于政府其他支出，约 40% 用于支持企业发展和稳定就业，其中，7% 用于

直接扶持行业企业、23%用于小企业薪资保障计划、10%用于税费减免，防止由于企业倒闭、居民消费不足等因素形成恶性循环。前四轮财政刺激计划对促进美国消费市场恢复效果明显，2020—2021 年，美国消费复苏显著快于生产，如表1-1所示，与居民基本生活消费相关的食品、饮料、医药等行业生产指数总体明显高于橡胶与塑料、造纸等工业原料生产行业，同时，由于社交生活尚未全面恢复，与此密切相关的纺织、服装、家具等行业生产指数尚需进一步提振。

2021 年 3 月，美国推出总额约 1.9 万亿美元的新财政刺激计划《美国救助法案》，主要涵盖机构（政府、企业）、居民、防疫等领域。其中，居民补贴约 1 万亿美元，包括对年收入在 7.5 万美元以内的居民给予 1400 美元一次性直接补贴，延长即将到期的额外失业补助，对有孩家庭进行税收补贴、增加无孩低收入者税收减免等。对政府、企业等各类机构补助约 7000 亿美元，约 3500 亿美元用于补贴地方政府，约 100 亿美元用于地方基础设施建设支出，对托儿机构、K12 教育、高等院校分别补助约 400、1300、400 亿美元，用于复课和学生补助。防疫预算约 1600 亿美元，约 500 亿美元用于新冠病毒检测与追踪，约 470 亿美元用于灾害救助基金，约 160 亿美元用于采购疫苗和设备。此次财政刺激计划继续保持对防疫和居民生活倾斜的政策取向，还包括支持地方政府、产业发展、基础设施建设等，强调"重建更好未来"，体现了美国财政刺激计划开始从防疫与救助向刺激生产、促进市场体系全面恢复等方面转向的特点。

表 1-1　2020—2021 年美国主要消费品行业工业生产指数变化情况
（经季节性调整，2015 年为 100）

行业	2020Q1	2020Q2	2020Q3	2020Q4	2020Y	2021Q1	2021Q2	2021Q3	2021Q4	2021Y
食品	104.4	96.2	100.5	102.6	100.9	103.8	103.1	101.9	103.7	103.1
饮料	98.4	95.2	100.1	102.5	99.1	102.7	103.3	102.7	104.1	103.2
烟草	84.9	96.2	91.4	91.3	90.9	90.7	87.6	89.0	86.5	88.4
纺织	88.1	70.9	80.3	82.3	80.4	84.6	85.6	84.8	86.1	85.3
服装	83.1	63.7	77.4	83.7	77.0	85.1	87.3	89.9	89.6	88.0
皮革	98.9	94.6	101.7	104	99.8	108.5	108.3	106.5	101.5	106.2

续表

行业	2020Q1	2020Q2	2020Q3	2020Q4	2020Y	2021Q1	2021Q2	2021Q3	2021Q4	2021Y
木材加工	101.3	90.8	97.8	101.6	97.9	102.9	102.9	102.2	103.9	103.0
造纸	97.6	89.8	89.0	93.2	92.4	92.2	93.3	93.4	93.9	93.2
印刷与出版	96.3	75.3	84.4	89.2	86.3	88.0	91.6	94.0	95.8	92.3
橡胶与塑料	98.3	81.4	94.0	96.4	92.5	97.4	96.0	98.9	100.4	98.2
医药	92.9	88.3	90.8	91.9	90.9	95.3	101.2	103.6	104.0	101.0
家具	96.5	81.5	90.4	90.3	89.7	90.6	90.1	91.4	93.1	91.3
其他制造业	92.8	77.7	90.2	93.1	88.5	95.8	96.7	99.0	97.8	97.3
整个制造业	97.5	84.2	94.1	96.6	93.1	97.3	98.7	99.6	100.8	99.1

数据来源：UNIDO Statistics，2022.4

三、英国提振消费发展相关举措

为降低全球新冠肺炎疫情对本国经济社会的负面冲击，英国政府此前出台多项财政政策，提出薪资补贴计划、免除餐饮酒店等服务业实体营业房产税、减轻居民贷款负担、加强公共卫生支持等方面的具体举措。如表1-2所示，2020—2021年，英国主要消费品行业生产指数均呈现良好增长态势，与工业生产相关的行业增幅普遍高于食品、饮料等与居民基本生活相关的行业。

2021年4月，英国发布2021—2022新财政年度预算案，着力于延续疫情以来的财政支持政策、修复公共财政、加速未来经济复苏等方面。在居民支持方面，上调基本个税起征点、基本最低工资标准，对居民提供薪资补贴支持。在基础设施建设方面，预算案提出由政府提供约120亿英镑初始资本，以支持建设投资总估值约400亿英镑的基础设施建设项目。在引导产业转型方面，英国政府在利兹筹建首个基础设施银行，将于各地投资公共和私人项目，支持绿色产业融资，推出主权绿色储蓄债券，承诺到2050年实现"净零排放"。新财政年度预算案有助于英国进一步提高基础设施建设水平、提振消费信心和引导绿色消费转型发展等，加快经济恢复进程。

表 1-2　2020—2021 年英国主要消费品行业工业生产指数变化情况

（经季节性调整，2015 年为 100）

行业	2020Q1	2020Q2	2020Q3	2020Q4	2020Y	2021Q1	2021Q2	2021Q3	2021Q4	2021Y
食品	127.6	118.8	124.2	126.4	124.3	123.3	127.7	127.4	127.2	126.4
饮料	86.3	65.6	83.3	74.7	77.5	76.8	91.4	93.0	93.5	88.7
烟草	86.3	65.6	83.3	74.7	77.5	76.8	91.4	93.0	93.5	88.7
纺织	148.2	102.1	152.1	158.0	140.1	169.5	186.4	179.3	170.6	176.5
服装	85.2	63.2	84.7	82.0	78.8	72.3	78.5	86.0	95.6	83.1
皮革	124.4	73.3	107.8	111.1	104.2	114.5	117.7	122.2	122.2	119.1
木材加工	124.9	82.1	128.0	135.6	117.6	140.6	149.0	143.0	134.3	141.7
造纸	116.0	107.7	115.7	121.2	115.2	123.5	127.7	129.0	131.0	127.8
印刷与出版	98.7	68.4	82.9	85.8	83.9	87.6	96.0	102.1	102.7	97.1
橡胶与塑料	96.5	74.0	99.0	102.7	93.1	102.7	105.3	102.6	102.3	103.2
医药	102.5	113.1	110.4	102.2	107.1	108.6	106.0	108.1	121.5	111.0
家具	103.8	53.8	93.4	99.5	87.6	97.3	100.4	111.0	106.2	103.8
其他制造业	97.3	83.7	103.1	109.7	98.5	111.0	110.7	106.5	108.6	109.2
整个制造业	105.4	82.6	100.5	104.4	98.2	103.8	105.8	105.1	105.2	105.0

数据来源：UNIDO Statistics，2022.4

四、欧盟国家提振消费发展相关举措

全球新冠肺炎疫情暴发以来，欧洲财政政策侧重于支持产业投资和开展企业就业补助，支持产业升级发展，生产复苏总体较快。从总体看，2021 年，欧盟经济复苏计划等系列政策逐步落地见效，欧盟 27 国经济全部实现正增长，在不同国家，消费市场恢复情况呈现分化态势。

2021 年，欧盟各国出台进一步实施积极财政政策，以更好应对疫情影响，促进生产和消费市场恢复。其中，法国加快可再生能源建设，宣布开启一批总额超过 40 亿欧元的外资投资项目，预计提供超过 1 万

个新增就业岗位。德国政府加大企业救助和支持力度，出台新的补贴政策、延长短时工作制、加大公共卫生领域投入等，支持制造业企业通过增加库存等方式缓解供应链压力。意大利计划在2022年预算框架中，开展降低个人收入税、鼓励私人投资等新措施。此外，各国政府普遍采用稳定保障性食品价格、降低部分消费品增值税等方式，有助于减少居民基本生活成本、促进消费信心恢复。

五、日本提振消费发展相关举措

2021年，日本首相岸田文雄力倡"新资本主义"，致力于日本"经济社会大变革"，促进日本经济早日重回增长轨道，并计划开展一系列举措。如表1-3所示，2020—2021年，日本主要消费品行业生产指数有所恢复，但增幅普遍较小，恢复总体较缓。

2021年11月，日本政府内阁会议最终确定总额55.7万亿日元的财政支出计划，该项计划达到日本历次经济刺激计划的财政支出新高，主要包括四个方面：一是用于全球新冠肺炎疫情防控对策，总额约22.1万亿日元，包括应对疫情的病床等物资调控系统构建、疫苗接种、口服新冠治疗药物研发应用、为受疫情冲击严重的中小企业发放"业务复苏支援金"等；二是用于社会经济活动重启和新一轮危机防备，总额约9.2万亿日元，包括推动重启和提振旅游、餐饮等行业的政府支援项目"Go To Travel"、构建疫苗开发生产与保障稳定供应体制、建立研发生产基地等；三是用于启动"新型资本主义"建设，总额约19.8万亿日元，包括促进储能电池等高新技术引进与研发，提高老年护理、残疾照护、婴童保育等福利机构人员薪资，对提升职工工资水平的企业优化税收政策等；四是用于防灾减灾等生活对策，总额约4.6万亿日元，包括河湖道路维护、重要基础设施维护及建设等。按照有关计划，日本政府将结合新的刺激计划，进一步编制总额约为31.9万亿日元的2021年度补充预算案，并编制2022年度预算案，合计形成为期16个月的大型财政预算，整体推进本次刺激计划落实见效。

表1-3　2020—2021年日本主要消费品行业工业生产指数变化情况
（经季节性调整，2015年为100）[①]

行业	2020Q1	2020Q2	2020Q3	2020Q4	2020Y	2021Q1	2021Q2	2021Q3	2021Q4	2021Y
食品	100.7	96.2	97.8	95.9	97.7	97.9	96.9	95.7	97.6	97.0
饮料	100.7	96.2	97.8	95.9	97.7	97.9	96.9	95.7	97.6	97.0
烟草	100.7	96.2	97.8	95.9	97.7	97.9	96.9	95.7	97.6	97.0
纺织	89.2	80.8	75.2	76.1	80.3	80.4	79.6	82.2	81.1	80.8
服装	89.2	80.8	75.2	76.1	80.3	80.4	79.6	82.2	81.1	80.8
皮革	78.5	65.9	61.8	55.8	65.5	60.5	60.2	60.1	56.6	59.4
木材加工	100.8	91.4	89.0	94.1	93.8	96.2	103.5	105.8	101.3	101.7
造纸	95.1	83.9	86.0	89.6	88.7	90.3	91.7	92.6	91.4	91.5
印刷与出版	81.5	72.0	74.7	76.6	76.2	76.1	76.7	75.3	75.0	75.8
橡胶与塑料	101.4	81.8	92.6	98.9	93.7	100.7	99.9	96.7	97.6	98.7
医药	101.4	95.5	95.3	93.5	96.4	98.2	101.6	100.4	100.3	100.1
家具	95.9	85.4	88.4	88.9	89.6	91.7	95.1	92.2	88.6	91.9
其他制造业	99.3	79.0	78.6	85.2	85.5	97.7	103.8	104.1	100.8	101.6
整个制造业	98.0	81.5	88.8	93.9	90.6	96.6	97.7	94.1	95.0	95.8

数据来源：UNIDO Statistics，2022.4

第三节　新兴经济体及其他发展中国家发展概况

2021年，新兴经济体（EIE）及其他发展中国家制造业加快恢复，主要国家在2021年年初基本恢复至全球新冠肺炎疫情前生产水平，一些国家在第二季度增速开始再次下跌，部分国家增速降至疫情前以下水平，呈现较大的波动性，稳增长受疫情蔓延、消费乏力等因素影响较大。

从消费品工业主要行业看，下半年增速有所下降，趋于平稳。与疫

---

① 日本食品、饮料、烟草数据由UNIDO在同一门类进行统计和测算。

情防控相关的医药行业发展较慢、增长乏力,增速保持在 1%至 2%之间,食品和饮料保持平稳增长态势。原料型加工行业增速普遍较快,如造纸行业第三、四季度同比增速分别为 6.2%、7.2%,皮革行业第三、四季度同比增速分别为 12.9%、4.7%,木材加工、印刷与出版等行业增速也均高于中国同期水平、发达国家同期平均水平。受新兴经济体和发展中国家生产增长拉动,农产品、饲料、化肥、纺织初加工产品等大宗商品国际贸易走向或将发生一定程度变化,但相关国家消费品工业发展仍面临较大压力和不确定性。

第二章

2021年中国消费品工业发展状况

第一节 发展现状

一、运行情况

（一）生产呈恢复性增长

如图 2-1 所示，2021 年，消费品工业 14 个主要大类行业工业增加值均实现正增长。在轻工业方面，整体呈现恢复性增长态势。在北京冬奥会对全民健身的带动效应下，文教工美体育和娱乐用品制造业快速发展，工业增加值增速较之全球新冠肺炎疫情暴发前的 2019 年增长 13.8 个百分点，增幅居轻工细分行业之首。纺织工业，增速提高并逐步恢复至疫情前水平。在疫情防控常态化形势下，口罩、防护服等支撑产业用纺织品生产规模持续稳定增长。随着社交、消费场景全面恢复，纺织服装服饰业增速同比增长 8.5 个百分点，化学纤维制造业增速尚未恢复至疫情前水平。食品工业方面，疫情导致的种养殖、原料物流等环节不畅的影响逐步消退，在农副食品加工业、食品制造业与酒、饮料和精制茶制造业（以下简称"三大子行业"）增速分别比上年同期提升 9.2、6.5、13.3 个百分点。在医药工业方面，受疫情防控和消费需求拉动影响，相关领域生产加快布局，工业增加值增速由 2020 年的 5.9%提升至 24.8%。

（二）出口形势全面向好

如图 2-2 所示，2021 年，消费品工业 14 个主要大类行业出口交货值全面实现正增长，且均超过全球新冠肺炎疫情暴发前水平。在轻工业方面，随着我国疫情防控形势持续向好，国际商贸物流逐步恢复，皮革、

木材、家具、文体娱乐用品、橡胶塑料等在满足国内需求基础上，出口贸易逐步恢复，带动相关行业增速明显回升。化学纤维等原料型产品受海外制造业需求拉动，化学纤维制造业出口交货值较之2020年和2019年同期分别大幅增长57.3和44.9个百分点。食品制造工业出口增速保持平稳态势，全面恢复至疫情前水平。医药制造工业出口交货值持续高速增长，同比增速达64.6%。

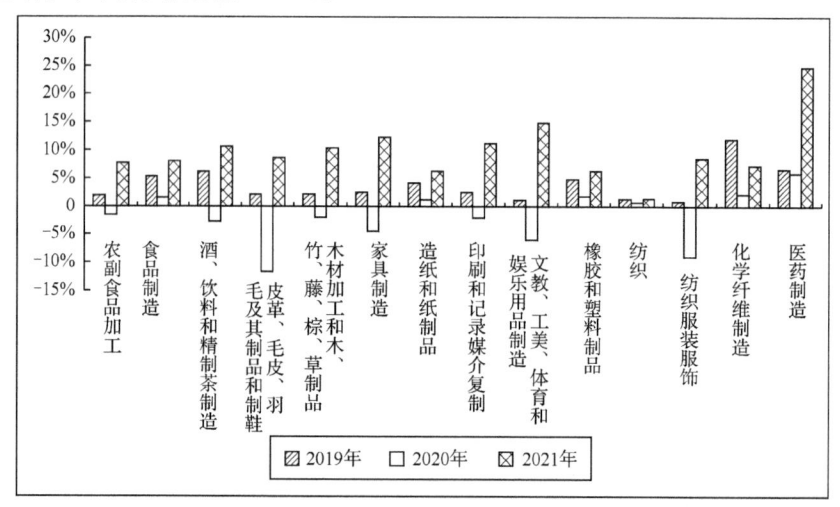

图2-1　2021年主要消费品行业规模以上工业增加值累计增速及比较

数据来源：国家统计局，2022.3

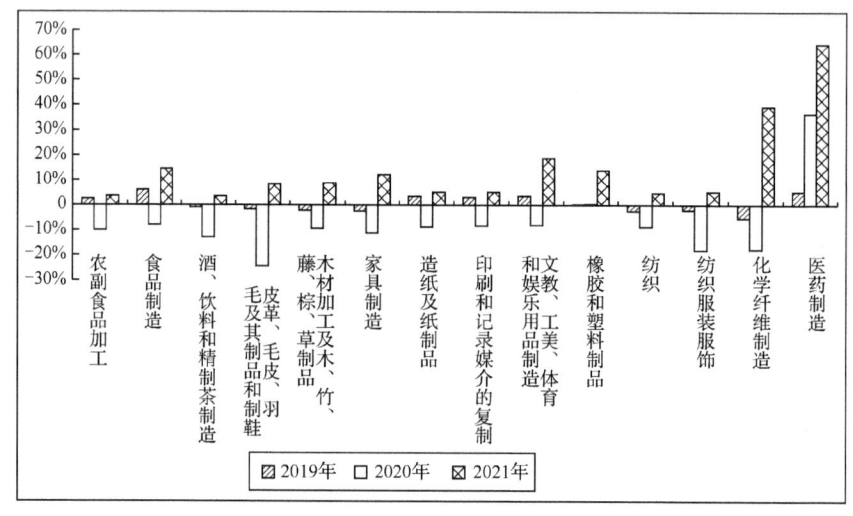

图2-2　2021年主要消费品行业出口交货值累计增速及比较

数据来源：国家统计局，2022.3

（三）投资增速维持高位

如图 2-3 所示，2021 年，消费品工业 14 个主要大类行业中，除皮革、毛皮、羽毛及其制品和制鞋业、家具制造业、印刷和记录媒介复制业以及纺织服装服饰业等行业外，其余投资增速均达到 10%以上。在轻工业方面，随着房地产市场回暖以及基础设施建设投入需求加大，木材加工及木、竹、藤、棕、草制品业、文教、工美、体育和娱乐用品制造业、印刷和记录媒介复制业等行业投资热情大幅提升，增速较 2020 年同期分别提高 31.7、37.7 和 27.2 个百分点。随着《关于全面禁止进口固体废物有关事项的公告》自 2021 年 1 月起正式施行，相关行业龙头企业带动本地原料生产布局，造纸及纸制品业、橡胶和塑料制品业等行业固定资产投资增长强劲，增速较 2020 年同期分别提高 18.4 和 14.4 个百分点。国内外口罩、防护服等需求量依旧较大，带动纺织业、化学纤维制造业投资增长迅速。在食品工业方面，随着保供战略地位的提升，企业家和民间资本投资信心逐渐恢复，三大子行业投资增速均超全球新冠肺炎疫情暴发前水平。医药工业，投资渐趋饱和，增速低于 2020 年同期 17.8 个百分点。

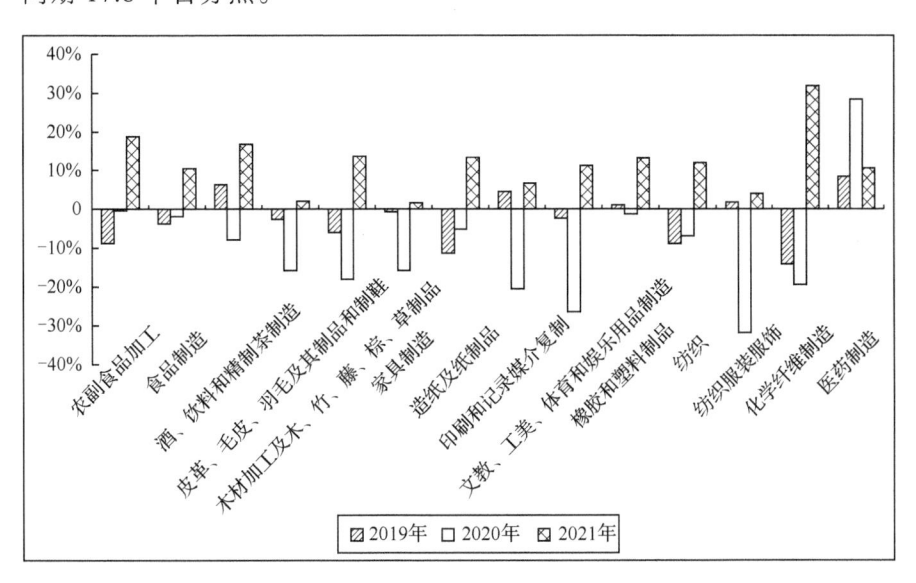

图 2-3 2021 年主要消费品行业固定资产投资累计增速及比较
数据来源：国家统计局，2022.3

（四）消费需求持续释放

2021年，我国社会消费品零售总额440823亿元，同比增长12.5%。如图2-4所示，分产品看，除书报杂志外，其余产品消费需求增速均恢复至疫情前水平。其中，粮油食品、饮料、化妆品、中西药品一直保持刚需性增长态势，金银珠宝、烟酒、服装等与社交相关的产品需求随着疫情防控常态化发展大幅释放，家具、家电和音像器材等产品由于装修市场回温需求恢复正增长，体育娱乐用品需求在冬奥效应推动下高速增长。分渠道看，随着线下消费场景逐步恢复，网络消费占比小幅下降，实物网上商品零售额占社会消费品零售总额的比重由2020年的24.9%下降至24.5%，但总体保持平稳增长。分类别看，"吃""穿""用"类实物商品网上零售额比重分别增长17.8%、8.3%、12.5%。其中，"吃"和"用"类实物商品网上零售额增速较之2020年同期分别下降12.8和0.7个百分点，"穿"类则增长2.5个百分点。

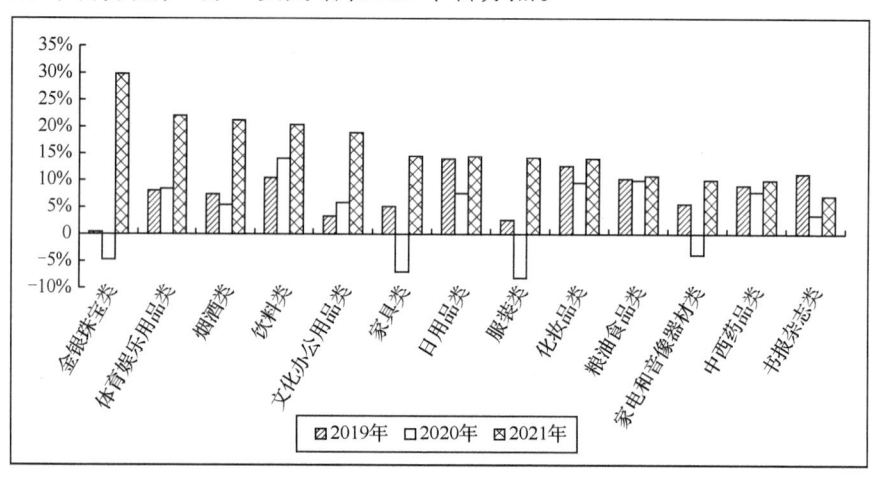

图2-4 2021年社会消费品零售总额中限额以上单位商品零售额增速及比较

数据来源：国家统计局，2022.3

二、效益情况

（一）盈利能力稳步提升

从营业收入看，2021年消费品14个大类行业实现主营业务收入266025.1亿元，同比增长13.2%，两年平均增速为5.5%，收入水平基

本恢复至全球新冠肺炎疫情前水平,但与制造业平均水平(同比增速18.8%,两年平均增速9.9%)相比仍有一定差距。如图2-5所示,皮革、皮毛、羽毛及其制品和制鞋业、纺织服装服饰业等行业营收水平增长缓慢,两年平均增速均为负值。医药制造业因防疫常态化等因素,两年平均增速达到10.7%,高出制造业平均水平。化学纤维制造业因为疫后制造业缓慢复苏,市场需求大幅增加,两年平均增速达到9.4%。

从利润总额看,2021年消费品14个大类行业实现利润总额20255亿元,同比增长22.9%,两年平均增速为13.3%,低于制造业平均水平(同比增速31.6%,两年平均增速19.1%)。其中,食品制造业、皮革、毛皮、羽毛及其制品和制鞋业、家具制造业、印刷和记录媒介的复制业、纺织服装服饰业等行业利润总额两年平均增速为负值,利润水平有待提升。化学纤维制造业、医药制造业等行业由于抗疫物资需求持续高位增长,利润空间明显扩大,利润总额两年平均增速高达42.2%和41.8%。

如图2-6所示,从营收利润率看,2021年消费品14个大类行业中仅食品制造业、酒、饮料和精制茶制造业以及医药制造业三个行业超过制造业平均水平。与疫情前相比,50%的大类行业盈利能力有所提升,特别是医药制造业大幅提高8.4个百分点。

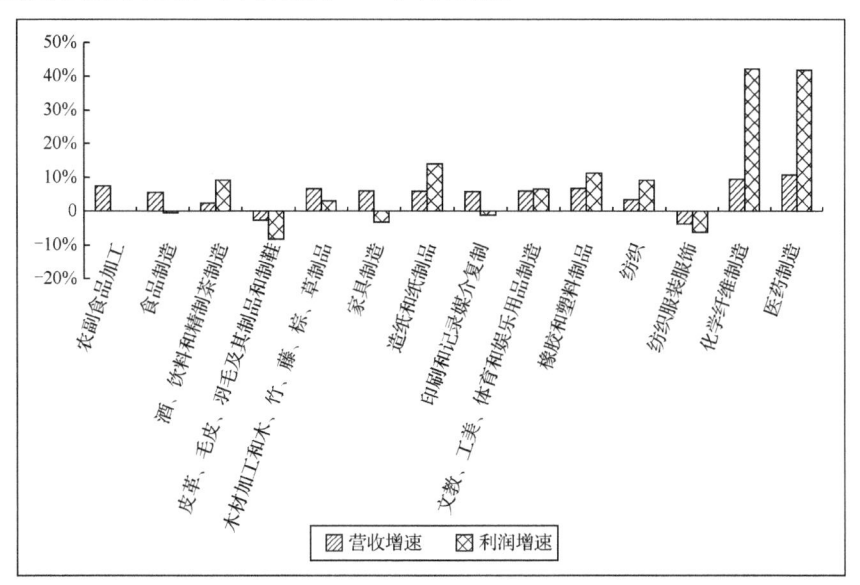

图2-5　2021年主要消费品行业营业收入、利润总额两年平均增速
数据来源:国家统计局,2022.3

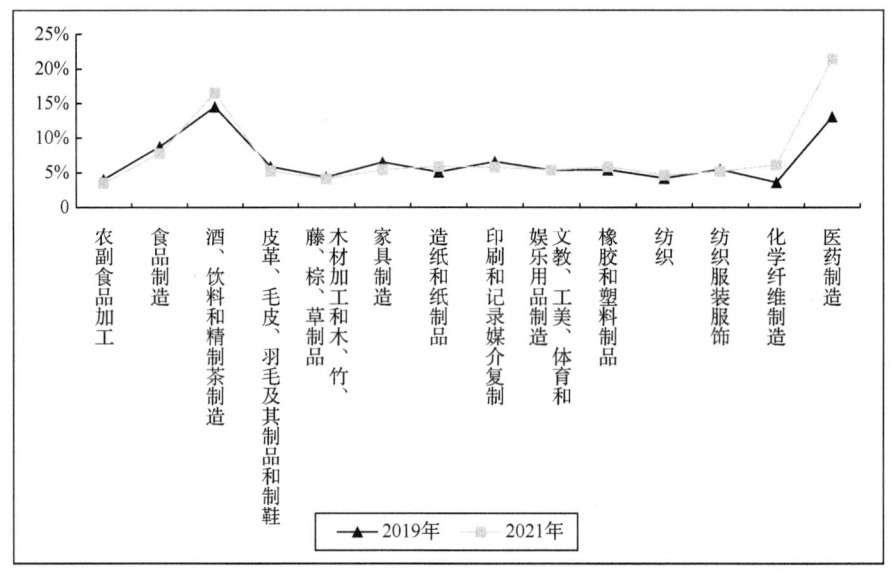

图 2-6　2019 年和 2021 年主要消费品行业营业收入利润率比较

数据来源：国家统计局，2022.3

（二）亏损情况有所好转

如表 2-1 所示，从亏损面看，2021 年除农副产品加工业、食品制造业、橡胶和塑料制造业、医药制造业等行业外，其余 10 个大类行业亏损面较之 2020 年同期有所收窄。但与全球新冠肺炎疫情前相比有所扩大，仅纺织业和化学纤维制造业收窄 0.8 和 4.8 个百分点。从亏损深度看，2021 年，除食品制造业、家具制造业、印刷和记录媒介复制业、橡胶和塑料制品业等行业外，其余 10 个大类行业亏损深度全面收窄，化学纤维制造业、医药制造业等行业亏损深度已收窄至疫情前 2019 年同期水平。

表 2-1　2021 年主要消费品行业亏损情况及比较

行　业	亏　损　深　度			亏　损　面		
	2019 年	2020 年	2021 年	2019 年	2020 年	2021 年
制造业	15.6%	17.0%	16.1%	14.5%	13.1%	10.1%
农副食品加工业	15.2%	16.8%	18.5%	13.2%	11.3%	16.4%
食品制造业	15.0%	16.5%	18.5%	6.7%	6.5%	11.3%
酒、饮料和精制茶制造业	11.9%	14.0%	13.2%	4.6%	2.8%	3.1%

续表

行 业	亏 损 深 度			亏 损 面		
	2019年	2020年	2021年	2019年	2020年	2021年
皮革、毛皮、羽毛及其制品和制鞋业	12.2%	19.5%	14.4%	6.2%	12.4%	7.9%
木材加工及木、竹、藤、棕、草制品业	12.0%	12.7%	12.2%	10.5%	13.7%	11.7%
家具制造业	14.1%	17.6%	16.3%	7.2%	10.4%	11.4%
造纸及纸制品业	17.2%	18.8%	17.3%	15.4%	10.1%	8.6%
印刷和记录媒介复制业	13.4%	16.3%	15.3%	6.9%	7.7%	8.8%
文教、工美、体育和娱乐用品制造业	12.2%	16.5%	14.1%	8.4%	10.6%	6.6%
橡胶和塑料制品业	13.8%	14.1%	15.1%	10.0%	9.7%	11.1%
纺织业	17.1%	21.9%	16.3%	15.1%	14.6%	10.0%
纺织服装服饰业	16.0%	23.2%	18.5%	9.1%	17.7%	14.3%
化学纤维制造业	22.1%	28.7%	17.3%	20.5%	31.1%	12.7%
医药制造业	15.6%	17.5%	18.9%	5.2%	6.9%	4.7%

数据来源：国家统计局，2022.3

第二节 存在问题

一、企业生产运营压力加大

一是主要原材料价格持续上涨，与出厂价格形成倒挂。2021年，燃料动力类、化工原料类、木材及纸浆类、农副产品类、纺织原料类购进价格，分别上涨20.5%、15.1%、5.6%、4.4%、5.0%，消费品工业领域出厂价格重点指标中，食品和一般日用品涨幅分别仅为1.4%和0.5%，衣着、耐用消费则分别下跌0.2%和0.6%，企业利润空间被大幅压缩。二是多省市发布"拉闸限电限产"政策，纸板、木板、陶瓷等材料价格上涨，导致下游家具、陶瓷制品、包装等企业生产成本增高。三是"限塑令""禁废令"等新一轮产业政策实施后，纸和纸板、塑料等生产原料结构面临深度调整，供给受限导致成本上升。

近两年制造业主要原材料购进价格指数和出厂价格指数变化趋势，如图 2-7 所示。

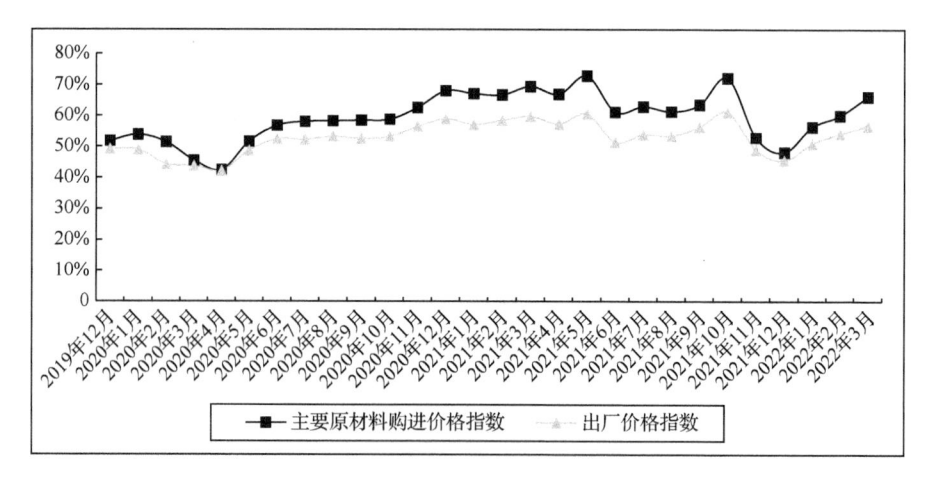

图 2-7　近两年制造业主要原材料购进价格指数和出厂价格指数变化趋势
数据来源：国家统计局，2022.3

二、外贸市场不确定性加大

一是日用品、家具、水产品、服装、地毯等产品，属于我国出口额较高的传统优势领域，海外居民消费有待全面恢复，根据 OECD 有关报告，供应链困境和大宗商品上涨导致部分地区通胀率预期增高，一定程度抑制消费需求释放，对出口增速将造成一定影响。二是全球新冠肺炎疫情常态化对全球化的冲击正由短期转变为长期影响，国际供应链面临重塑，制造业新出口订单指数持续位于荣枯线以下。但随着"一带一路"倡议、RCEP、DEPA、中—埃经贸合作等协定实施，产业区域内循环效率加快，消费潜力有望逐步释放。三是近年来部分国家实行加征关税、保护限制目录等措施，导致相关产品出口受到冲击，企业运营成本增高，不确定性风险加剧，农食产品、纺织鞋帽、橡塑皮革、玩具家具等以直接消费品为主的行业因技术性贸易措施导致企业直接损失额、新增成本额占我国出口企业总额比重的 44.8% 和 56.3%，在企业直接损失额中，出口欧美日韩市场比重占 90.2%。

近两年制造业新出口订单指数变化趋势，如图 2-8 所示。

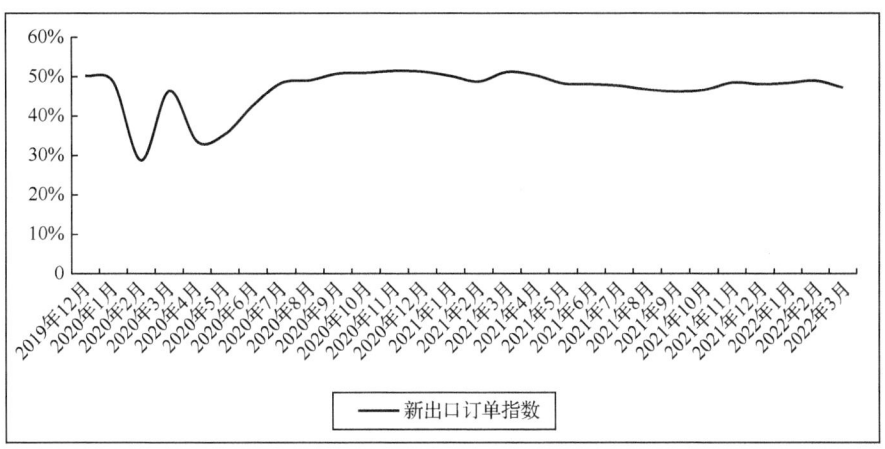

图 2-8 近两年制造业新出口订单指数变化趋势
数据来源：国家统计局，2022.3

三、促消费扩内需仍需全面发力

一是全球新冠肺炎疫情发生以来，消费品行业普遍面临生产与消费模式变革，如，方便食品、柔性定制家居和服装产品呈现"百花齐放"的快速发展格局，小家电、粮油食品等"宅经济"热度趋减等。如何拓展消费渠道、更好解决行业痛点、增强消费黏性、实现较高用户价值，成为后疫情时代重要命题。二是家用电器、移动终端等耐用消费品进入以存量升级换代为主的新时期，绿色、健康、智能、个性化等升级和创新产品成为主要需求，对"增品种""提品质"提出更高要求。三是对新产品、新业态板块的储备和发展不足，例如，市场对老年食品、功能性服装、生活辅助器具及高品质孕婴童消费产品等市场需求旺盛，但相关领域标准、分类尚不完善，产业化进程总体缓慢。直播带货等新业态尚不成熟，相关服务细则急需完善，以进一步推动行业规范发展。

四、俄乌冲突扰动世界经济秩序

一是我国由俄乌进口农产品原料规模逐年提高，乌克兰已成为我国进口玉米、大麦和葵花籽油的第一大来源国，占比分别达 29.0%、25.7%、69.4%，其中，我国大麦进口依存度超过 80%，有关国家出口受限造成国际价格上涨，导致国内供应整体趋紧，影响下游以进口大麦为主要原

料的啤酒加工等行业生产成本。二是我国大豆、食糖、乳、钾肥等原料和生产物资对外依存度较高，需时刻关注国际价格上涨、贸易量萎缩，警惕推高大宗原料和生产物资进口价格上涨。三是我国企业或机构在乌克兰发起的临床试验项目累计超过 220 项，以生物医药领域为主，其中，81 项处于花费高昂的三期临床试验阶段，俄乌冲突导致试验停滞，已开展项目的未来前景尚不明朗。四是黑海地区是国际重要的消费品物流贸易节点，冲突短期内已引起船只停航改道、订单物流预期成本增高等问题，若事态进一步升级，对经由该区域的进出口贸易将造成极大影响。

第三节　对策建议

一、全力推进数字"三品"，增加产品有效供给

利用数字技术助力消费品工业"增品种、提品质、创品牌"，提高产业链、供应链现代化水平，提升消费品供给体系对国内需求的适配性。一是加强数字技术在消费研究、创意设计、流行趋势预测中的应用，依托互联网和智能制造技术，推广大规模个性化定制、网络协同制造、服务型制造等新型制造模式，提高数字"增品种"能力。二是通过搭建数字化转型服务平台、打造行业转型标杆、设立专项资金等方式，加快企业数字化改造，提高质量管控能力和产品全生命周期管理水平，夯实数字"提品质"基础。三是利用云计算、大数据、人工智能等数字营销技术手段，实现广告宣传精准投放，支持企业通过建设数字展馆、开展线上直播、视频植入等方式，进一步拓宽数字"创品牌"渠道。

二、推行生物制造等新型生产方式，助力产业提质增效

生物制造是继智能制造、绿色制造之后，深入推进制造强国战略的重要抓手。生物制造所特有的高效、低碳、可持续发展等特点，有助于推动消费品工业转型升级，打造新的产业优势。一是面向老年食品、婴幼儿食品等细分领域，采用基因工程、微生物工程、发酵工程、酶工程等生物技术促进食品新材料和新技术的发展，有效改善食品品质和营养结构，扩大中高端食品供给。二是加大生物疫苗、新型诊断试剂及配套

设备、基因治疗产品的研发和产业化力度，提升我国生物医药制造业的核心竞争力。三是瞄准"双碳"目标，利用现代生物技术，研发生态环保、易降解、可回收利用的生物基材料及产品，推动轻纺行业绿色发展。

三、纾解企业经营困境，提升市场主体活力

聚焦企业研发、生产、销售等环节面临的问题，加强政策引导和扶持，着力稳定企业发展信心，保障产业链供应链畅通运行。一是顺应消费升级趋势，继续加大对消费品工业企业科技创新的扶持力度，在科技人才引进、金融服务创新、产学研合作等方面给予支持。二是针对化学纤维、橡胶塑料制品、家具、包装等行业能源、原材料供给增长受限的问题，进一步实施减税降费、大宗商品保供稳价、加大金融扶持力度、加快新能源开发等措施，改善企业发展环境。三是紧抓RCEP正式生效的战略机遇，在充分做好走进 RCEP 其他成员国的可行性研究基础之上，积极推动消费品工业企业走出去，降低对欧美等传统外贸市场的依赖性。

四、建立健全相关标准，推进制度供给创新

针对新消费、新业态、新模式快速发展中面临的不规范、不兼容等问题，加快标准制定和制度创新，进一步推动行业规范发展。一是针对平台消费、共享消费、体验消费等新兴领域快速发展需要，研究制定专门管理规定，明确运营规则和权责边界。二是推进跨行业、跨领域智能产品的标准体系建设，培育发展新兴领域的团体标准，以标准提升引领带动品质提升，积极推行高端品质认证认定。三是加快制定修订老年食品、功能性服装、生活辅助器具、高品质孕婴童消费产品等细分领域的行业标准，引导行业有序快速壮大。

五、畅通产业链供应链，应对俄乌冲突扰动

针对俄乌战争带来的短期和长期影响，精准施策推动产业链供应链畅通。一是优化大麦、大豆、葵花籽油、制药原料化合物等重点原料进口来源，鼓励企业以提前采购、战略合作、定向生产等方式稳定和优化

原料进口。二是持续推动乳品企业标准化原料基地建设，确保大豆、油料扩种面积落实落地，落实医药产业链链主企业培养计划，做好供应自主化与多元化储备。三是积极填补欧美国家对俄制裁产生的纺织服装、医药产品供应空缺，鼓励我国企业提升在俄罗斯市场占有率。四是更好利用中欧班列等商贸物流渠道，争取特殊情况下的国际协作主动权，保障重要物资供应链畅通，防范特殊情形下产业链断供风险。五是加强关键原辅料、大宗商品、能源等的进口贸易监测，建立监测管理和名单动态更新制度，密切关注生产国生产能力和国际市场交易情况，对特别关键的具体品类，及时出台财政支持和关税调整等政策。

行业篇

第三章

纺织工业

第一节 发展情况

一、运行情况

(一)行业运行稳定向好

2021年纺织工业总体景气向好,据中国纺织工业联合会数据,纺织工业四个季度的景气指数持续处于50以上的扩张区间,其中纺织行业一季度景气指数为57.1,二季度景气指数为65.4,三季度景气指数为58.7,四季度景气指数为62.3,自2020年二季度起连续7个季度位于荣枯线以上,显示出企业经营信心稳步向好。2021年生产稳步增长,纺织工业规模以上企业工业增加值同比增长4.4%,较2020年的-2.6%提高7.0个百分点,其中纺织业、纺织服装服饰业、化学纤维制造业分别同比增长1.4%、8.5%、7.2%。2021年行业产能利用率稳步回升,纺织业和化学纤维制造业产能利用率分别为79.5%和84.5%,较2020年分别提高6.4和4.0个百分点,较2019年分别提高1.1和1.3个百分点。

(二)主要产品产量增长

2021年纺织工业主要产品产量均有大幅提升,据国家统计局数据,纱产量累计2873.7万吨,由上年同期的-8.4%增加到8.4%;布产量累计396.1亿米,由上年同期的-15.7%大幅提高到7.5%;化学纤维产量累计 6708.5 万吨，由上年同期的 3.4%上升到 9.1%；蚕丝及交织机织物（含蚕丝≥30%）产量累计 38632.4 万米，由上年同期的-18.3%回升到-2.3%。受全球新冠肺炎疫情影响，2020 年纺织领域主要产品产量下跌严重，但在我国疫情防控政策的有力推动下，企业有序复工复产、产能迅速恢复，2021 年纱、布、化学纤维、蚕丝及交织机织物等主要产品产量较 2020 年均大幅提升，如图 3-1 所示。

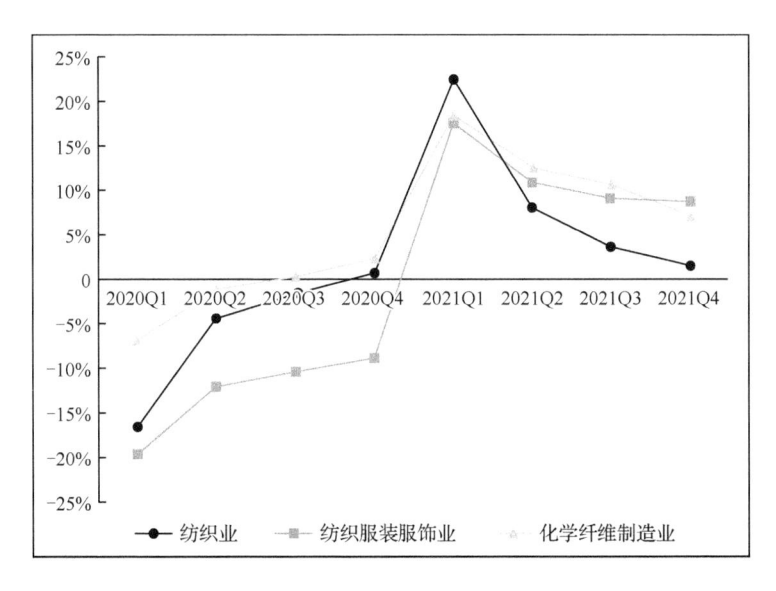

图 3-1　2020—2021 年纺织工业各细分行业工业增加值增速变化情况
数据来源：国家统计局，2022.2

（三）出口增速持续增长

2021 年，受到国际市场需求回暖、出口订单回流等影响，纺织行业出口形势明显回暖，出口增速显著提升。如图 3-2 所示，据中国海关数据，我国纺织品服装出口额为 3154.6 亿美元，同比增长 8.3%，其中，纺织纱线、织物及制品出口额为 1452.0 亿美元，同比减少 5.6%；服装及衣着附件出口额为 1702.6 亿美元，同比增长 24.0%，是 2015 年以来的最好增长水平。

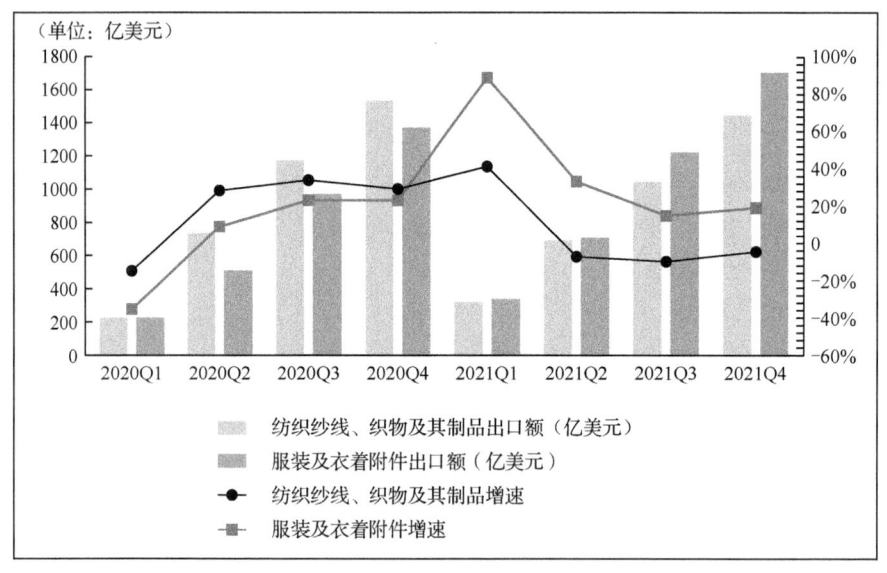

图 3-2　2020—2021 年纺织工业出口增速变化趋势

数据来源：海关总署，2022.2

（四）投资规模稳步回升

2021 年，全球新冠肺炎疫情常态管控取得成效，市场需求回温，纺织工业运行情况良好，行业投资信心逐步恢复，各行业投资规模均有显著回升。如图 3-3 所示，据国家统计局数据，纺织业、纺织服装服饰业、化学纤维制造业固定资产投资完成额同比分别增长 11.9%、4.1%和 31.8%，较上年同期分别增加 18.8、36.0 和 51.2 个百分点。其中，纺织业和化学纤维制造业固定资产投资额两年平均增速分别为 2.1%和 3.1%，已超疫情前规模。

（五）内需市场稳步回升

在国家保民生、促消费政策驱动以及国庆促销、双十一大促、春节促销等因素带动下，国内消费市场稳步回温。据国家统计局数据，2021 年，限上单位服装鞋帽、针、纺织品类商品零售额同比增长 12.7%，较上年同期回升 19.3 个百分点，其中服装类商品零售额同比增长 14.2%，较上年同期提高 22.3 个百分点；线上消费持续恢复，穿类实物商品网上零售额同比增长 8.3%，较上年同期增加 2.5 个百分点，有力地带动了国内消费市场需求。

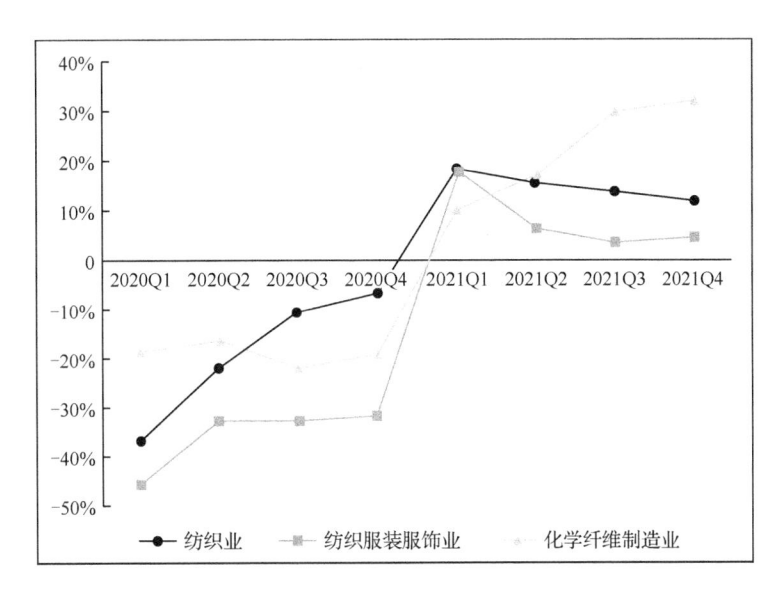

图 3-3　2020—2021 年纺织工业固定资产投资额累计增长率
数据来源：国家统计局，2022.2

二、效益情况

（一）经济效益明显改善

随着国家"六稳""六保"工作扎实推进、内需市场回暖和出口增速提升，2021 年纺织工业经济效益稳步提升。据国家统计局数据，2021 年规模以上纺织工业企业（不含纺织机械）实现营业收入 51749.4 亿元，同比增长 12.3%，增速较上年同期提高 21.1 个百分点，其中纺织业、纺织服装服饰业、化学纤维制造业分别同比增长 10.0%、6.5%、27.8%；实现利润总额 2676.8 亿元，同比增长 25.4%，增速较上年同期提高 31.8 个百分点，其中纺织业、纺织服装服饰业、化学纤维制造业分别同比增长 4.1%、14.4%、149.2%，化学纤维制造业受大宗商品价格上涨影响，行业经济效益尤为突出；营业收入利润率为 5.2%，较上年同期上升 0.6 个百分点。

（二）亏损情况逐渐好转

受国家助企纾困政策和纺织行业供需双驱动的影响，2021 年纺织工业亏损面和亏损深度均有所收紧，行业亏损情况整体改善。如表 3-1 所示，据国家统计局数据，纺织业亏损企业数为 3056 个，较上年同期下降 23.8%，亏损金额为 119.8 亿元，较上年同期下降 25.6%，亏损面、亏损深度分别同比下降 5.6、4.6 个百分点；纺织服装服饰业亏损企业数量为 2341 个，较上年同期下降 24.0%，亏损金额为 109.9 亿元，较上年同期下降 3.2%，亏损面、亏损深度分别同比下降 4.7、3.4 个百分点；化学纤维制造业亏损企业数 344 个，较上年同期下降 37.2%，亏损金额为 79.8 亿元，较上年同期下降 2.6%，亏损面、亏损深度分别同比下降 11.4、18.4 个百分点。

表 3-1　2021 年纺织工业亏损情况及比较

行　　业	亏　损　面		亏　损　深　度	
	2020 年	2021 年	2020 年	2021 年
工　业	17.3%	16.5%	15.3%	13.6%
纺织业	21.9%	16.3%	14.6%	10.0%
纺织服装服饰业	23.2%	18.5%	17.7%	14.3%
化学纤维制造业	28.7%	17.3%	31.1%	12.7%

数据来源：国家统计局，2022.2

三、重点领域或重点产品情况

（一）棉纺织行业

2021 年棉纺织行业复苏势头良好，据中棉行协跟踪数据，棉纺织企业营业收入同比增长 18.43%，利润总额同比增长 25.66%，出口交货值同比增长 14.73%；企业亏损面 14.49%，较上年同期收窄 13.08 个百分点。棉纺织景气指数显示，2021 年前 8 个月中 5 个月指数位于枯荣线之上，景气度保持稳中向好态势，但 9 月份以来棉纺织原料价格上涨，影响行业订单及生产运营，行业景气指数连续处于枯荣线以下。

（二）服装行业

2021年服装行业运行虽然前高后低，但总体向好。生产方面，据国家统计局数据，服装行业规模以上企业工业增加值同比增长8.5%，增速较上年同期回升17.5个百分点；规模以上企业完成服装产量235.41亿件，同比增长8.38%，增速比上年同期增加16.03个百分点。内需市场方面，限上单位服装类商品零售额为9974.6亿元，同比增长14.2%，增速较上年同期提高22.3个百分点；穿类实物商品网上零售额同比增长8.3%，增速较上年同期增加2.5个百分点；据中华全国商业信息中心的统计，重点大型零售企业服装类商品零售额同比增长9.2%，增速较上年同期增加29.9个百分点。出口方面，服装出口快速增长，据中国海关数据，服装及衣着附件出口额为1702.6亿美元，同比增长24.0%，其中，针织服装及衣着附件出口金额为864.7亿美元，同比增长39.0%；机织服装及衣着附件出口金额为701.2亿美元，同比增长12.6%，两年平均增长2.6%。效益方面，行业效益逐步恢复，据国家统计局数据，服装行业规模以上企业实现营业收入14823.4亿元，同比增长6.5%，增速较上年同期回升17.9个百分点；利润总额767.8亿元，同比增长14.4%，增速较上年同期增加35.7个百分点；营业收入利润率为5.2%，增速较上年同期提高0.4个百分点。投资方面，固定资产投资稳步增加，据国家统计局数据，服装行业固定资产投资完成额同比增长4.1%，增速较上年同期提升36.0个百分点。

（三）产业用纺织品行业

2021年产业用纺织品行业处于调整状态，受2020年全球新冠肺炎疫情防控需求带动基数大的影响，出现生产平稳、经济效益下滑、投资趋于理性、出口下滑等现象。生产方面，根据中国产业用纺织品行业协会统计数据，产业用纺织品行业纤维加工总量为1938.5万吨，同比增长1.2%；非织造布的产量为820.5万吨，同比下降6.6%。出口方面，据中国海关总署数据，产业用纺织品行业的出口额为538.7亿美元，同比下降44.9%，大幅下降主要由防疫物资出口大幅回落导致。效益方面，行业盈利水平下滑，但营业利润率仍处于健康平稳的运行区间。据国家

统计局数据，产业用纺织品行业规模以上企业（非全口径）营业收入同比下降 13.3%，利润总额同比下降 58.7%，营业利润率为 5.5%，同比下降 6.1 个百分点。投资方面，行业投资不再盲目扩张，据中国产业用纺织品行业协会统计，非织造布行业企业固定资产投资额同比下降 63.0%，投资方向更加倾向于绿色、智能领域。

第二节 存在问题

一、国际市场不确定因素增加

俄乌冲突局势不明朗，导致国际政治经济环境不确定因素正不断叠加，致使产业链供应链稳定性受到冲击，纺织行业国际市场受到冲击。同时，世界各国均已复工复产，美国、欧盟、日本等国订单重新向越南等其他亚洲低成本国家回流，对我国纺织品服装出口产生一定影响。据统计，我国出口欧盟、日本的纺织品服装金额均出现下滑态势。

二、行业科技附加值有待提高

行业多数企业看重规模效益而忽略高端产品的设计研发，新产品设计开发能力薄弱，缺乏市场需求的高技术含量产品，产品以中低端为主，仅少数企业参与高端领域竞争，但高端产品质量稳定性、技术先进性及市场成熟度仍与国外企业存在差距，产业高质量发展后劲不足。产品时尚属性不足，原创设计较匮乏，缺乏具有中国文化渗透力的世界级知名时尚品牌，时尚国际话语权较弱。

三、企业组织结构有待优化

我国纺织工业中小微企业居多，占比高达 99.8%，行业集中度较低，绝大部分为民营企业，企业融资、扩张能力不足，抗风险能力不强。当前，全球多地新冠肺炎疫情散发、大宗商品价格持续上涨，加之出口订单延迟或取消而新增订单减少，中小微企业成本压力大、利润受到挤压，举步维艰。此外，部分企业为县、乡级企业，兼并重组困难重重，进一步影响产业结构调整升级。

第四章

生物医药及高性能医疗器械行业

第一节 发展情况

一、运行情况

(一)工业增加值增速回升,工业贡献率逐年提高

2021年,医药行业增加值增速回升。如表4-1所示,2021年1—12月,全国工业增加值增速为9.6%,相比于2020年2.8%的增速有所回升,提升6.8个百分点。2021年1—12月,医药行业增加值全年累计增速为24.8%,相比2020年上升18.9个百分点,相比于全工业,医药行业整体表现优于工业平均水平,行业发展势头良好。如图4-1所示,2012—2021年,医药行业工业增加值占全工业比重由2.4%上升到4.0%,增加1.6个百分点,医药行业对工业经济增长的贡献进一步提高。

表4-1 2020—2021年1—12月工业和医药行业增加值增速比较

时 间	工 业		医 药 行 业	
	2020年	2021年	2020年	2021年
1—12月	2.8%	9.6%	5.9%	24.8%

数据来源:国家统计局,2022.4

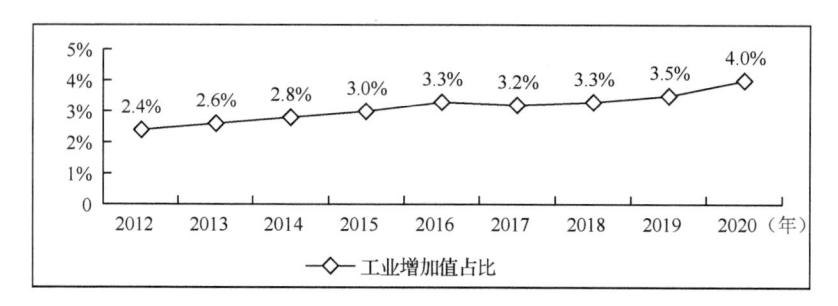

图 4-1　2012—2021 年医药行业工业增加值占全工业比重
数据来源：国家统计局，2022.4

（二）产能利用率较全工业平均水平稍高，产业结构调整压力依旧较大

如图 4-2 所示，2021 年 1—12 月，医药行业产能利用率为 77.4%，稍高于全工业平均水平，但仍未达到合理空间，产能依旧过剩[①]。2016—2021 年，全工业产能利用率在 77.0% 左右徘徊，与全工业相比，医药工业产能利用率较高，但也存在产能过剩的情况，产业结构调整仍面临较大压力。

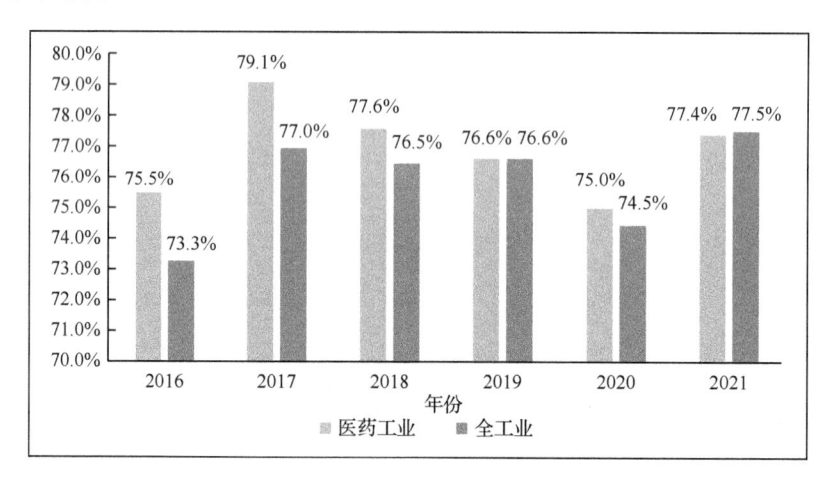

图 4-2　2016—2021 年全工业及医药工业产能利用率
数据来源：国家统计局，2022.4

---

① 按国际通行标准，产能利用率超过 90% 为产能不足，79%～90% 为正常水平，低于 79% 为产能过剩。

（三）出口交货值增速大幅增加，疫情相关物资出口增加

如表 4-2 所示，2021 年 1—12 月，医药行业规模以上企业实现出口交货值 3405 亿元，比上年同期增长 64.6%。出口交货值增速出现大幅提高主要是在全球新冠肺炎疫情背景下，我国医疗器械和医用卫生耗材出口大幅增加，尤其是新型冠状病毒检测试剂、医用口罩、医用防护服、呼吸机及中药等产品出口大增。

表 4-2　2021 年 1—12 月医药行业出口交货值情况

行　业　名　称	出口交货值（亿元）	比上年同期增长
医药行业	3405.0	64.6%

数据来源：国家统计局，2022.4

二、效益情况

（一）医药制造业的营业收入明显增加，利润增速大幅提高

如表 4-3 所示，2021 年 1—12 月，医药制造业的营业收入为 29288.5 亿元，比上年同比增长 20.1%，增速较上年增加 15.6 个百分点，增速明显提升。

表 4-3　2021 年 1—12 月医药制造业的营业收入情况

行　　业	营业务收入（亿元）	同　　比	2020 年增速
医药行业	29288.5	20.1%	4.5%

数据来源：国家统计局，2022.4

如表 4-4 所示，2021 年 1—12 月，医药制造业利润实现利润总额 6271.4 亿元，同比增长 77.9%，增速相比 2020 年提高 65.1 个百分点。2022 年，在全球新冠肺炎疫情形势依旧严峻的形势下，医药行业利润增速大幅高于营业收入增速，反映出医药行业盈利能力增势强劲，具有长期抗经济波动的特性。

表 4-4　2021 年医药制造业利润总额完成情况

行　　业	利润总额（亿元）	同　　比	2020 年增速
医药行业	6271.4	77.9%	12.8%

数据来源：国家统计局，2022.4

（二）资产负债率整体呈现下降趋势，行业发展态势良好

2021 年 1—12 月，医药制造业总资产增长速度快于总负债增长速度，资产负债率为 38.7%，相比 2020 年的 40.5% 呈现下降趋势。如表 4-5 所示，2021 年 1—12 月，医药制造业资产同比增长 15%；同期，医药行业负债同比增长 8.7%。从资产负债率角度看，医药行业整体运行呈现健康态势，发展后劲较足。

表 4-5 2021 年 1—12 月医药制造业资产负债情况

时间	资产同比增长	负债同比增长
1—2 月	12.8%	9.2%
1—3 月	12.8%	9.1%
1—4 月	12.5%	9.2%
1—5 月	13.4%	9.1%
1—6 月	14.7%	10.8%
1—7 月	15.1%	10.6%
1—8 月	15.6%	11.5%
1—9 月	15.9%	12.5%
1—10 月	16.6%	13.1%
1—11 月	16%	12.9%
1—12 月	15%	8.7%

数据来源：国家统计局，2022.4

（三）亏损面扩大，亏损深度减少，行业整体盈利能力呈向好态势

如表 4-6 所示，2021 年 1—12 月，工业亏损面相比 2020 年增大 1.4 个百分点，亏损深度相比 2020 年降低 2.2 个百分点。2021 年，医药工业企业数为 8337 家，其中亏损企业数 1577 家，亏损面为 18.9%，相比 2020 年的 17.5% 提高 1.4 个百分点。亏损企业累计亏损额为 292.5 亿元，亏损深度为 4.7%，相比 2020 年的 6.9% 降低了 2.2 个百分点。综合行业利润增速来考虑，医药行业头部企业盈利水平提升较快，行业整体盈利能力呈现好态势。

表 4-6　2020—2021 年医药工业亏损情况

年　　份	亏　损　面	亏　损　深　度
2020	17.5%	6.9%
2021	18.9%	4.7%

数据来源：国家统计局，2022.4

第二节　存在问题

一、产业结构调整面临挑战

生物医药产业转型发展是必然趋势，我国一直在推动医药工业发展结构优化。全球新冠肺炎疫情的暴发导致国际贸易环境不确定因素增加，给产业发展带来挑战。近年来，我国生物医药产业集中度进一步提高，生物医药创新发展态势良好，但传统优势领域如化学原料药的出口遭遇挑战。目前国际市场原料药的生产逐步转移，从生产成本较高的欧洲国家转移至生产成本相对较低的中国和印度，但随着竞争对手的增多，大宗原料药市场竞争趋于激烈，对我国优势企业和国际产业格局造成冲击，产业结构调整迫在眉睫。

二、行业整体创新力不足

我国生物医药产业领域整体创新力不足。基础研究方面，科研配套软、硬件的不足限制了前沿领域的原始创新。目前基因测序仪、数字 PCR 仪等支撑关键科研的精密辅助仪器多数依赖进口。临床研究方面，高质量临床试验机构资源相对匮乏、我国尚未充分加入全球同步研发也制约了创新药的快速产业化发展。成果转化方面，"产学研用"协同发展不足。《2020 年中国专利调查报告》显示，在 735 所受访高校中有效发明专利的实施率为 14.7%，低于美国高水平高校 37%的专利转化率。我国急需加快创新成果转化，推动本土创新药率先抢占国际市场。

三、逆全球化趋势下产业链抗风险能力面临挑战

全球新冠肺炎疫情加剧了逆全球化趋势，医药行业也遭受到了逆全球化的影响。目前我国医药行业具备完整的产业链，可生产种类多、质量优的产品。在药物研发方面，也具备了从药物设计、药学研究、安全评价、临床研究、产业化完整的研发链。但我国生物医药行业的发展是建立在全球化分工协作基础上的，就本土生物医药行业发展来看，尚在仪器试剂和药用辅料等产业节点存在短板。在全球新冠肺炎疫情常态化和不稳定的国际贸易环境等因素的影响下，产业链整体抗风险能力面临挑战。

食品工业

第一节 发展情况

一、运行情况

（一）工业增加值加快回升

截至 2021 年 12 月末，全国规模以上食品工业企业数量为 36343 家，工业增加值同比增长 9.2%，占全部工业比重的 7.0%，其中，农副食品加工业、食品制造业、酒、饮料和精制茶制造业分别占 2.8%、1.9%、2.3%。三大子行业工业增加值均维持较高正增长，增速分别达 5.7%、9.1%、11.9%。

（二）投资增速增长较快

如表 5-1 所示，2021 年，食品工业三大子行业中，农副食品加工业固定资产投资增速全年保持正增长趋势，但逐步放缓，1—12 月增速达 18.8%，较 1—3 月的 42.8%下降 24.0 个百分点；食品制造业、酒、饮料和精制茶制造业在一至三季度增速减缓的趋势下，第四季度略有回升，分别由 1—9 月的 9.4%、14.9%提高至 1—12 月的 10.4%、16.8%。

表 5-1　2021 年 1—12 月全国食品工业子行业固定资产投资增速情况（%）

行 业 名 称	1—3 月	1—6 月	1—9 月	1—12 月
农副食品加工业	42.8	29.8	20.6	18.8

续表

行 业 名 称	1—3月	1—6月	1—9月	1—12月
食品制造业	25.6	14.3	9.4	10.4
酒、饮料和精制茶制造业	29.8	24.0	14.9	16.8

资料来源：国家统计局，2022.4

（三）出口呈平稳增长态势

如表 5-2 所示，2021 年 1—12 月，我国规模以上食品工业实现出口交货值 3726.0 亿元，同比增长 11.0%，占全部工业的 2.6%。其中，农副食品加工业出口交货值最高，为 2290.4 亿元，同比增长 3.5%，占食品工业的 61.5%；食品制造业出口交货值加速提升，为 1221.6 亿元，同比增长 14.5%；酒、饮料和精制茶制造业出口交货值为 214.0 亿元，增速由负转正，同比增长 3.4%。

18 个中类行业中，制糖业、方便食品制造降幅较大，分别为 27%、30.5%，屠宰及肉类加工、谷物磨制、蔬菜菌类水果和坚果加工增速有所下降，分别为 0.2%、6.8%、5.2%，13 个行业均呈现不同幅度正增长，其中，饲料加工、植物油加工、焙烤食品制造、糖果巧克力及蜜饯制造、乳制品制造、调味品发酵食品制造增幅较大，分别为 23.0%、44.0%、21.5%、38.9%、30.6%、22.2%，其他子行业增幅在 0.6% 至 16.4% 之间。

表 5-2　2021 年全国食品工业出口交货值情况

行 业 名 称	全年出口交货值（亿元）	同比增长率（%）
食品工业	3726.0	11.0
农副食品加工业	2290.4	3.5
其中：谷物磨制	16.3	-6.8
饲料加工	98.2	23.0
植物油加工	45.9	44.0
制糖业	4.2	-27.0
屠宰及肉类加工	157.0	-0.2
水产品加工	1167.3	6.8
蔬菜、菌类、水果和坚果加工	594.9	-5.2
其他农副食品加工	206.6	3.7

续表

行 业 名 称	全年出口交货值（亿元）	同比增长率（%）
食品制造业	1221.6	14.5
其中：焙烤食品制造	40.8	21.5
糖果、巧克力及蜜饯制造	123.0	38.9
方便食品制造	66.5	-30.5
乳制品制造	7.9	30.6
罐头食品制造	229.8	16.4
调味品、发酵食品制造	280.2	22.2
其他食品制造	473.4	13.7
酒、饮料和精制茶制造业	214.0	3.4
其中：酒的制造	76.2	5.7
饮料制造	55.2	0.6
精制茶制造	82.6	3.3

资料来源：国家统计局，2022.4

二、效益情况

（一）经济效益稳健向好发展

如表 5-3 所示，2021 年 1—12 月，食品工业规模以上企业以占全国工业 5.1% 的资产，创造了占全国工业 7.1% 的营业收入，完成了占全国工业 7.1% 的利润总额，全年营业收入利润率为 6.8%，与全部工业持平，高于轻工业 0.5 个百分点。其中，酒、饮料和精制茶制造业营业收入利润率较为突出，为 16.5%，高于工业 9.7 个百分点。

收入方面，2021 年 1—12 月，规模以上食品工业企业营业收入达 91409.7 亿元，同比增长 12%，占轻工业营业收入的 40.4%，农副食品加工业、食品制造业、酒、饮料和精制茶制造业增速分别为 12.6%、10.0%、13.1%。在食品工业 61 个小类行业中，52 个行业的营业收入同比增长，增幅在 0.6% 至 27.5% 之间。农副食品加工业小类行业中，稻谷加工、杂粮加工、蛋品加工呈负增长，同比分别下降 1.4%、1.7%、8.2%，除此以外的其他行业均同比增长，其中，其他饲料加工、鱼油提取及制品制造、其他水产品加工增长较快，同比分别增长 25.9%、27.5%、25.5%。

食品制造业小类行业中，方便面制造、乳粉制造、其他罐头食品制造呈负增长，同比分别下降 1.2%、7.3%、2.3%，除此以外的其他行业均同比增长，其中，其他乳制品制造、味精制造、食品及饲料添加剂制造、其他未列明食品制造增长较快，同比分别增长 17.1%、19.0%、21.5%、19.2%。酒、饮料和精制茶制造业小类行业中，黄酒制造、葡萄酒制造、其他酒制造呈负增长，同比分别下降 5.2%、9.8%、3.1%，除此之外的其他行业均同比增长，其中，白酒制造、碳酸饮料制造增长较快，同比分别增长 18.6%、19.2%。

利润方面，2021 年 1—12 月，规模以上食品工业实现利润总额 6187.1 亿元，同比增长 5.4%，占轻工业利润总额的 43.7%，其中，农副食品加工业、食品制造业分别实现利润总额 1889.9 亿元、1653.5 亿元，同比分别下降 9.2%、0.1%，酒、饮料和精制茶制造业利润总额实现较好增长，为 2643.7 亿元，同比增长 24.1%。农副食品加工业小类行业中，14 个行业实现同比增长，10 个行业同比下降，其中，非食用植物油加工、水产品冷冻加工、鱼油提取及制品制造、其他水产品加工增长较快，同比分别增长 25.0%、30.5%、66.7%、29.4%，玉米加工、杂粮加工、禽类屠宰下降幅度较大，分别为 57.9%、109.7%、106.9%。食品制造业小类行业中，11 个行业实现同比增长，13 个行业同比下降，其中，味精制造、其他调味品发酵制品制造、盐加工、食品及饲料添加剂制造增长较快，同比分别增长 36.7%、36.0%、63.5%、26.4%，蜜饯制作、方便面制造、其他方便食品制造下降幅度较大，分别为 41.7%、47.1%、34.1%。酒、饮料和精制茶制造业小类行业中，酒精制造、黄酒制造、茶饮料及其他饮料制造同比分别下降 100.0%、1.2%、7.2%，其他行业均同比增长，其中，白酒制造、啤酒制造、果菜汁及果菜汁饮料制造增长较快，同比分别增长 33.0%、38.4%、34.1%。

成本方面，2021 年 1—12 月，规模以上食品工业营业成本为 77056.9 亿元，同比增长 12.8%，增幅低于轻工业 2.2 个百分点，农副食品加工业、食品制造业，以及酒、饮料和精制茶制造业增速分别为 13.6%、11.2%、11.3%。61 个小类行业中，53 个行业的营业收入同比增长。农副食品加工业小类行业中，稻谷加工、杂粮加工、蛋品加工呈负增长，同比分别下降 1.3%、0.7%、7.2%，其他行业均同比增长，其中，其他饲料加工、鱼油提取及制品制造、其他水产品加工增长较快，同比分别增长27.7%、26.3%、25.8%，其他行业增幅在3.0%至24.8%之间。食品制造业小类行业中，乳粉制造、其他罐头食品制造呈负增长，同比分别下降4.1%、4.5%，其他行业均同比增长，其中，食品及饲料添加剂制造、其他未列明食品制造增长较快，同比分别增长22.4%、20.0%，其他行业增幅在2.4%至19.3%之间。酒、饮料和精制茶制造业小类行业中，黄酒制造、葡萄酒制造、其他酒制造呈负增长，同比分别下降6.5%、12.6%、8.6%，其他行业均同比增长，其中，碳酸饮料制造涨幅突出，同比增长25.6%，其他行业增幅在7.5%至18.6%之间。

表5-3 2021年全国食品工业主要经济效益指标概况

行业名称	企业总数（家）	资产总计（亿元）	营业收入（亿元）	同比增长率（%）	营业成本（亿元）	同比增长率（%）	利润总额（亿元）	同比增长率（%）	营收利润率（%）
食品工业	36343	71628.0	91409.7	12.0	77056.9	12.8	6187.1	5.4	6.8
农副食品加工业	22296	32721.6	54107.6	12.6	49398.6	13.6	1889.9	-9.2	3.5
食品制造业	8496	18847.8	21268.1	10.0	16729.3	11.2	1653.5	-0.1	7.8
酒、饮料和精制茶制造业	5551	20058.6	16034.0	13.1	10929.0	11.3	2643.7	24.1	16.5

资料来源：国家统计局，2022.4

（二）亏损情况持续加深

如表5-4所示，2021年，我国规模以上食品工业累计亏损企业6435家，亏损面为17.7%，受原料、包材价格上涨等因素影响，企业营业成本大幅增加，全年亏损面和亏损深度都有所增加。从亏损企业亏损总额来看，食品工业总计达578.1亿元，其中，农副食品加工业占比最高，占比达53.7%。从亏损面看，食品工业亏损面达17.7%，其中，农副食品加工业和食品制造业亏损面一致，为18.5%，分别较上年同期扩大1.7、2.0个百分点，酒、饮料和精制茶行业亏损面相对较窄，为13.2%，较上年收窄0.8个百分点。从亏损深度看，由于企业利润减少、亏损加大，亏损程度有所加深，食品工业亏损深度达9.3%，较上年同期增加2.7

个百分点,其中,农副食品加工业、食品制造业亏损深度较大,分别为 16.4%、11.3%,分别较上年同期增加 5.1、4.8 个百分点,酒、饮料和精制茶制造业亏损深度较小,为 3.0%。从负债率看,全年规模以上食品工业企业资产负债率为 51.6%,低于轻工行业 1.6 个百分点,其中,农副食品加工业为 58.3%,是三大子行业中最高的行业。

表 5-4　2021 年全国食品工业及子行业负债和亏损企业亏损情况

行业名称	亏损企业数（家）	亏损企业亏损总额（亿元）	亏损面（%）	亏损深度（%）	负债率（%）
食品工业	6435	578.1	17.7	9.3	51.6
农副食品加工业	4126	310.3	18.5	16.4	58.3
食品制造业	1574	186.9	18.5	11.3	49.0
酒、饮料和精制茶制造业	735	81.2	13.2	3.1	43.2

资料来源:国家统计局,2022.4

三、重点产品和重点领域情况

(一)重点产品情况

受消费升级、国际供应链形势变化的影响,我国食品工业主要产品产量有所分化。如表 5-5 所示,全国食品工业主要生产的 19 类产品中,12 类产量同比增长,6 类产量同比下降,1 类产量同比持平,其中,鲜、冷藏肉、碳酸饮料类(汽水)产量增幅较大,同比分别增长 24.5%、18.2%;大米、精制食用植物油、方便面、白酒、精制茶产量有所减少,同比分别下降 0.7%、5.0%、6.8%、0.6%、2.7%,葡萄酒产量降幅较大,为 29.1%;成品糖产量与上年同期持平。

表 5-5　2021 年全国食品工业主要产品产量

序号	产品名称	全年产量（万吨,万千升）	同比增长(%)
1	小麦粉	8891.7	6.6
2	大米	10966.7	-0.7
3	精制食用植物油	4973.1	-5.0
4	成品糖	1457.1	0.0

续表

序号	产品名称	全年产量（万吨，万千升）	同比增长(%)
5	鲜、冷藏肉	3298.2	24.5
6	冷冻水产品	672.2	5.4
7	糖果	304.3	10.1
8	速冻米面食品	371.8	8.3
9	方便面	513.0	-6.8
10	乳制品	3031.7	9.4
	其中：液体乳	2843.0	9.7
	乳粉	97.9	1.8
11	罐头	831.7	0.1
12	酱油	778.1	11.4
13	冷冻饮品	221.4	5.9
14	发酵酒精	808.3	1.8
15	白酒	715.6	-0.6
16	啤酒	3562.4	5.6
17	葡萄酒	26.8	-29.1
18	软饮料	18333.8	12.0
	其中：碳酸饮料类（汽水）	2337.3	18.2
	包装饮用水类	9335.5	9.1
	果汁和蔬菜汁饮料类	1693.5	11.2
19	精制茶	215.5	-2.7

资料来源：国家统计局，2022.4

（二）重点领域情况

1. 最严新国标对我国婴配乳粉行业提出了发展新要求

2021年，奶粉新国标正式出炉，新国标对乳企的生产能力和产业链资源等都提出了更高的要求。从新国标具体内容看，一是在标准划分方面，相较于旧国标和目前主要国际先进标准，新国标针对不同年龄段的婴幼儿配方标准规定更为精准。一直以来，主要国家组织制定的标准中，普遍以"6个月以下"和"6个月以上"的年龄段进行划分，新国标沿用国际食品法典委员会修订趋势，将"6个月以上"的年龄段细化

分为"6~12个月"的较大婴儿和"12~36个月"的幼儿，分别进行标准制定，即 GB 10766 和 GB 10767，并且对于配方指标进行了细化要求。二是兼顾营养安全，对配方主要成分及添加量做出更严格的要求。新国标下调较大婴儿配方食品、幼儿配方食品（以下简称"2 段粉""3 段粉"）的蛋白质总含量要求，增设乳清蛋白含量指标，其中，2 段粉要求乳清蛋白含量≥40%。增加乳糖含量要求，限制婴儿配方食品（以下简称为"1 段粉"）、2 段粉除乳糖外其他成分不得作为碳水化合物主要来源，其中，乳基 1 段粉、3 段粉乳糖占碳水化合物比重分别不得小于 90%、50%。三是提高产品门槛，优化微量元素含量规定，部分可选择成分调整为必需成分。新标准提升主要维生素和矿物质指标的最小值，增设 2 段粉、3 段粉维生素最大值要求，增加相关豆基产品中铁、锌、磷含量的单独规定等，部分指标标准高于国际标准。提高了 1 段粉维生素 D、烟酸的含量要求，将 1 段粉、2 段粉胆碱调整为必需成分，提高胆碱、DHA 指标最小值，将 2 段粉锰和硒调整为必需成分。

新国际的发布，导致二次配方注册抢位战打响，行业新一轮洗牌正式开始。按照新旧国标两年过渡期要求，新配方应在 2023 年 2 月 22 日之前获得批准，行业企业须加快配方研发设计步伐。从上一轮（2016 年）奶粉行业配方注册实施情况看，奶粉行业供给侧改革实质性提速，行业洗牌进一步加剧，配方数量缩减了 51%。从新国标实施情况看，目前共有君乐宝旗帜和伊利金领冠倍冠两个配方系列六个配方产品通过注册，同时，很多小品牌受到生产成本、注册费用等压力注册热情并不高，甚至放弃了一些产品线的注册。随着新国标的实施，婴配乳粉行业集中度将进一步提升，将会聚焦企业研发实力、配方创新、产品质量等多方面以及更高层次的品质实力比拼。对于品牌来说，如何率先完成新国标升级，通过配方注册，是其决胜新一轮奶粉战争的关键。

新国标对细分指标的更严要求，使企业聚焦母乳科研和品质升级，结构油脂（OPO）、小分子肽等高品质的细分品类之争更加激烈。一方面，母乳作为婴幼儿配方奶粉黄金标准，也是新国标成分规定调整的趋势。从首批通过二次配方注册的产品看，伊利率先建立我国首个企业级"母乳研究数据库"，推进母乳功能成分研究及产品开发应用，君乐宝旗帜奶粉在新配方中进行母乳化改进，优化乳铁蛋白添加量、新增异构化乳糖、添加肠道营养三重"益生元"，引领国产奶粉品质创新升级。另一方面，新国标将部分可选择成分调整为必需成分，并增设或提高了原有部分配料的添加量最小值规定，使得产品差异化衡量标准发生变化，DHA、胆碱等不再成为核心亮点，乳铁蛋白、OPO、A2 蛋白、人乳寡糖等高价值配料成为创新研发和品牌议价热点，市场良性竞争加剧，例如，君乐宝乐纯升级 OPO 配方，贝因美可睿欣升级"益生菌+OPO"配方，圣元优强精准卡位"小分子肽"奶粉赛道等。

新国标的发布使产业链供应链整合加速，资源要素的争夺更加激烈。新国标一方面提高了生产企业对优质乳糖、乳清蛋白等配料的需求，这些配料国内生产能力不足或基本依赖进口，另一方面对生产企业在可选择成分、微量元素添加量上提高了标准，对生产企业供应链资源整合和原配料供给保障提出了更高要求。近年来，外资通过合作、并购等方式加快产业链供应链整合，实施本土化战略，与民族品牌竞争加剧。例如，达能在 2022 年 3 月收购羊乳企业欧比佳，在国内羊奶领域布局，菲仕兰、a2、Arla 等外资乳企积极与国内乳企合作，加深其优势资源协同，助力品牌充分融入中国本土市场。国产奶粉也在加大对供应链资源争夺，推进奶源质量和配方双升级，2021 年以来发生并购案十余起，例如，飞鹤星飞帆升级 A2 奶源和有机奶源，金领冠塞纳牧升级 A2 奶源，君乐宝旗下品牌乐星、乐铂、恬适、优萃升级 A2 奶源等。

2. 酿酒工业细分领域发展有所分化

2021 年 1—12 月，我国酿酒工业规模以上企业实现营业收入 8686.7 亿元，同比增长 4.0%，实现利润总额 1949.3 亿元，同比增长 8.8%，营收、利润占食品工业比重分别达 9.5%、31.5%，主要产品产量 5406.85 万千升，同比增长 0.1%，其中，白酒产量为 715.6 万吨，同比下降 0.6%；啤酒产量为 3562.4 万千升，同比增长 5.6%；葡萄酒产量为 26.8 万千升，同比下降 29.1%。

从整体看，在供给侧改革、数智化发展、消费升级的新趋势下，我国酿酒工业以市场和消费为核心，进行了深入的产业模式和结构调整。从细分行业看，白酒产业集中度不断提高，中高端产品消费保持刚性增长，营收、利润占酿酒工业比重分别达 69.5%、87.3%，继续成为酿酒工业稳增长的重要支撑，同时，低度酒、以白酒为酒基的配制酒等呈现

多元化发展，产品开发与青年消费者等新兴消费群体消费特点更加适配；啤酒高端化元年开启，产品创新、品质升级引领市场，精酿啤酒产量和销量同步增长，"火锅专用啤"等多元化细分产品走向消费市场；酒精制造营业收入继续保持较快增长，同比增长 9.5%，同时，利润呈现大幅下降；黄酒等其他酒类主要经济指标变化不大。

其中，我国葡萄酒深度调整仍在持续，产量、营收同比分别降低 29.1%、9.8%，亏损面达 24.1%。表观消费量也呈现萎缩态势，较 2016 年约降低一半。进口依存度呈逐年上升趋势，进口价格逐年提高，2021 年，我国葡萄酒进口量 42.4 万千升，相当于国内产量的 1.6 倍，约占表观消费量的六成。国产品牌在国内消费市场，尤其是中高端市场，缺乏市场竞争力和消费黏性，基本依靠国外品牌满足。葡萄酒是我国传统特色产业，也成为西部地区实现乡村产业振兴、带动农民就业增收的重要手段，现阶段，我国尚未从国家政策层面明确葡萄酒产业地位和出台详细规划，各地方对于葡萄酒产业认知还存在一定差异，产区制度运行和组织机制保障有待加强；葡萄栽培和树龄管理等科学化水平不足，产区风土特征、产品风格不清晰，公共品牌、会展经济等发展缓慢，无法有效支撑培育特色产品消费；业态创新发展不足，虽也有数千家酒庄、小镇等存在，但从价值链看，多数仍以"葡萄—葡萄酒"一元结构为主，产品附加值和产业综合效益不高，发展仍需从政策规划保障、市场主体培育、促进科技创等新多方面发力。

第二节 存在问题

一、产业数字化步伐总体放缓，与新一代信息技术融合亟待加强

从国际主要品牌看，由原料端、生产端到消费端的全生命周期数字化水平已成为食品工业企业竞争发展的根本能力和未来方向，我国在这方面起步较晚，行业整体数字化水平有待提升。一方面，乳制品、酒制造等行业主要龙头企业自动化加工能力较强，部分智能工厂成为国际食品工业的优秀代表。但由于行业智能制造系统解决方案供应商较少，导

致关键工序设备、包材、加工控制系统等自主设计研发与生产供给能力不足，乳制品、西式肉制品的发酵工艺以引进国际品牌服务为主。从全行业看，针对我国传统加工工艺的自动化、数字化解决方案服务较少，一定程度上制约了传统食品工业化发展进程。区块链、大数据等技术的应用则以企业建立自主生态为主，缺乏有影响力的行业平台型企业。另一方面，食品工业中小企业数量占比超过80%，企业数字化、自动化发展水平普遍不高，企业智能化处在由部分单元操作向生产全流程及产品全生命周期管理渗透的关键发展期。

二、大型企业集团资源整合能力不足，产业间和区域间协调发展仍需深入

从区域结构看，东部地区占我国食品工业规上企业数、营业收入的四成左右，在2021年中国食品饮料百强企业中，有59家位于东部地区，仓储物流、工业设计等产业链资源向东部地区集聚，现阶段大型企业延伸布局以同质扩张为主，与中西部特色原料主产区开发协作及引领新兴城市消费的深度衔接不足，产业链上下游分工和协同发展水平有待提高。从研发创新看，我国千亿、百亿级食品企业已分别达到10余家和30余家，这些企业成为细分领域产业创新的主力军，但大中小型企业融通创新发展的生态格局尚未形成，龙头企业对协同创新的引领带动作用有待进一步释放。从国际比较看，国际龙头企业均为典型的大型跨国企业，在原料基地建设、价格议定、国际商贸物流等方面拥有较强影响力和话语权，虽然我国食品企业入围世界500强企业与世界品牌500强榜单的数量日益增长，但外向型发展动力不足，利用国内国际两种资源的能力有待提升，与欧美相关企业相比仍有较大差距。

三、食品生物制造领域加快发展，相关政策法规体系有待健全

近年来我国对合成生物学方向投入持续加大，以合成生物学为代表的食品生物制造加快发展，工业生物技术创新和产业投资领域蓬勃发展，但从整体看，关键技术自主创新水平和产业领航能力等方面较美、英等生物制造先进国家仍有不小差距，因此，进一步优化产业政策，加

快推动食品生物制造高质量发展迫在眉睫。现阶段我国尚未从国家层面出台针对生物制造的统筹规划，生物制造产业尚未明确为工业和信息化主管部门的归口管理行业，推进共性关键技术研发、加强行业监管和统计、更好应对生物安全形势等方面的政策体系也亟待优化，在人才培养、资本引导、激发企业主体创新、加强知识产权保护等方面急需出台系统性措施，进一步推动产业发展。微生物工程菌新产品，例如，氨基酸、酵素等产品长期受产品归类和监管所困扰，大部分氨基酸、酵素等作为营养物质使用时，无法申请生产许可证，在食品添加剂、新食品资源、保健食品等领域获得注册审批与推进产业化速度上仍较为缓慢。

四、食品工业生产消费结构面临调整，绿色低碳转型成为发展要务

全球食物系统所产生的碳排放量占总碳排放量的四分之一以上，其中，除种养殖等原料生产环节外，加工、运输、包装、销售等食品供应链及消费阶段碳排放量占食物系统总碳排放量的18%。进入"十四五"时期，随着我国碳达峰碳中和战略深入实施，绿色低碳转型成为食品工业发展的重要工作任务。一是食品工业水耗、能耗较高，"三废"总体碳排放量较大，与能源资源利用率较发达国家相比还有一定差距，固体废弃物综合利用率明显不足，节能减污降碳任务较重。食品工业生产整体以利用化石能源为主，我国食品工业生产体系庞大，企业数量众多，中小企业占比达90%以上，在环境、资源约束日益加剧的情况下，这些企业技术装备水平相对较为落后，企业融资较难，而清洁能源的使用及"三废"处理成本较高，导致现阶段低碳能源规模化应用缓慢。二是产业链各环节物料损失和浪费情况严峻。食品加工过程中，因加工技术有限、包装质量不达标、仓储物流方式不当等原因造成食品损失和浪费，进而导致增加的碳排放量，约占食品供应链及消费阶段碳排放总量的四分之一。三是居民消费结构变化导致碳排放量增加。近年来，我国逐渐向高碳化食品消费结构发展，饲料和水资源使用、温室气体和污水排放等方面存在压力，肉、禽、蛋、奶消费量大幅提升，消费者对高碳食品和低碳食品的了解渠道有限，低碳消费意识明显不足，食品"碳标签"、"零碳食品"等发展应用尚处于起步阶段。

第六章 锂电储能产业

第一节 发展情况

一、运行情况

（一）应用场景多样化发展

锂电池因具有工作电压高、能量密度较高、循环寿命长、安全性能好、自放电率小、无记忆效应以及配置灵活等优点，已经被广泛应用在 5G 基站、数码便携产品、新能源汽车及各类储能电站等场景中。1991 年日本索尼公司率先实现了锂电池的商业化应用，打开了全球锂电池商业化大门。根据材料体系的区别，锂电池已经发展出了包括钴酸锂电池、锰酸锂电池、磷酸铁锂电池、三元材料锂电池、钛酸锂电池等在内的多系统类型电池。在各种锂电池中，磷酸铁锂电池具有长寿命、低成本以及高安全性等优势，是目前储能电站热门技术。

按照不同应用途径，锂电储能受益于配置灵活的特点，在发电侧、电网侧和用户侧均可应用。发电侧主要用于配套新能源发电和火电联合调频；电网侧主要以辅助服务为主，通过调峰调频、削峰填谷等增加电网的稳定性；用户侧主要用于峰谷价差套利、分布式新能源+储能、通信基站以及数据中心备用电源等场景。2019 年 2 月，国家电网在印发的《关于促进电化学储能健康有序发展的指导意见》中明确指出，在国家尚未出台新的鼓励政策的情况下，各省级电力公司不得参与发电侧和

用户侧储能投资建设，但可以根据需要，以技术创新和解决工程应用难题为目标，开展电网侧储能试点示范应用。在发电侧仅支持新能源发电配置储能与常规火电配置储能。在用户侧仅可参与电网需求响应、电量平衡和负荷特性改善，优先在电网调节有困难、改造升级成本较高的地区投资建设。

当前用户侧装机最多，电网侧有望反超。目前我国电化学储能累计装机主要集中在用户侧，截至2020年年底，我国电化学储能在发电侧、电网侧和用户侧三个应用领域的累计安装比例分别为32.1%、21.4%、46.5%。其中用户侧占比有所下降，与此同时电网侧占比迅速提升，相比前一年几乎翻倍，在新增投运的电化学储能项目中，电网侧的占比从3%迅速上升至56%，随着电网侧新增装机占比不断提高，一改前几年用户侧一家独大的局面。

（二）市场规模不断扩大

据中关村储能产业技术联盟统计，截至2021年年底，全球已投运电力储能项目累计装机规模209.4GW，同比增长9%。新型储能的累计装机规模为25.4GW，同比增长67.7%，其中锂电储能占据主导位置，市场份额超过90%。2021年我国储能锂电池产量为32GWh，同比增长146%。随着我国新基建、电气化进程的进一步加快，能源结构转型和电力体制改革的进一步深化，锂电储能将迎来爆发式增长。预计到2025年，我国锂电储能累计装机规模将达到50GW，市场空间约2000亿元；预计到2035年，锂电储能累计装机规模有望达到600GW，市场空间约2万亿元。

（三）产业基础日益完善

近年来我国锂电储能技术持续进步，产业规模连续保持全球领先。全球锂电池前10企业中，我国宁德时代、比亚迪等企业占据5席，且已形成完备的配套产业体系。我国锂电储能行业在磷酸铁锂、三元锂电池技术方面，在全球范围都具有一定优势，尤其在固有安全性更高、更适合储能的磷酸铁锂技术领域，我国企业占据绝对优势，产量全球占比90%以上。我国锂电池行业骨干企业研发投入在全球范围处于领先水平，宁德时代、力神电池、国轩高科和中创新航等企业在承担国家重点研发计划的情况下，先后研发出能量密度超过 300Wh/kg 的单体三元电池和能量密度已经突破 190Wh/kg 的单体磷酸铁锂电池，两者均达到国际先进水平。宁德时代提出 CTP 成组技术，比亚迪推出刀片电池，蜂巢能源的无钴电池都从不同角度提高电池包体积利用率，提升系统能量密度，并从材料角度降低生产成本。

二、效益情况

2021 年全年，锂电全行业总产值突破 6000 亿元。据《电池中国》统计，上游矿产、原材料企业 2021 年净利润合计超过 600 亿元，企业普遍实现了营收同比上涨，绝大多数企业实现了净利润同比上涨。

三、重点领域或重点产品情况

磷酸铁锂电池由于成本及安全性能等综合性能的优势，成为我国锂电储能市场的主流产品。宁德时代、比亚迪、亿纬锂能、国轩高科等企业占据市场较大份额。

（一）宁德时代

早在 2011 年宁德时代就参与国家电网张北国家风光储输示范项目，至 2018 年上市共募集 53.52 亿元的资金，其中有 20 亿元用于动力及储能电池的研发。宁德时代在储能系统业务上，包括电芯、模组、电箱和电池柜等，主要采用磷酸铁锂作为正极材料，产品以方形电池为主，产品用于发电、输配电和用电领域，涵盖大型太阳能或风能发电储能配套、工业企业储能、商业楼宇及数据中心储能、储能充电站、通信基站后备电池等。

（二）比亚迪

早在 2008 年比亚迪就开始布局储能领域，2009 年建成首个储能电站，业务由储能产品逐步发展到整套能源管理系统。目前比亚迪可提供从发电再到储电再到用电的整套新能源解决方案，此外，还研发了大型储能、家用储能等多种类型储能产品，涵盖各类应用场景。截至 2018 年年底，比亚迪全球签单量约 600MWh，其中出口美国 10 多个储能集装箱，出口英国 200 多个储能集装箱。

（三）亿纬锂能

亿纬锂能专注于锂电池的创新发展，聚焦动力、储能市场领域，其储能系统产品主要应用于家庭、通信基站、智能微网和行业储能等领域。亿纬锂能自 2015 年开始聚焦动力储能市场领域，目前已形成 11GWh 的动力储能产能规模。

（四）国轩高科

国轩高科在 2017 年成立了专注于储能产业的全资子公司上海国轩新能源（合肥）储能科技有限公司，并实现了包括储能电源、储能电池组、储能电站系统大于 200MWh 的目标。

代表性锂电池储能项目，如表 6-1 所示。

表 6-1 代表性锂电池储能项目

公司	代表性储能业务或产品
宁德时代	福建晋江投建 24 亿大型储能项目，中标国网集团旗下全镇江地区建设 101MW/20MWh 电网侧储能项目中的部分项目
	鲁能梅西州 50MW/100Wh 多能互补集成优化示范工程储能项目
	联合星云股份成立福建时代星云科技有限公司，围绕储能产业链，重点对大数据软件服务、储能用 BMS、系统集成等进行研发和生产
比亚迪	比亚迪 20MW/40MWh 铁电池储能电站
	雪佛龙卡塔尔 250kW/500kWh 集装箱式储能电站
中天科技	江苏镇江 101MW/202MWh 电网侧储能电站项目中，中天科技参与建山、丹阳、大港三站共计 66MWh 储能项目
	湖南 120MW/240MWh 电池储能电站规划中，中天科技参与了芙蓉变电站电池储能电站项目
	2018 年 12 月初，江苏第二批电网侧储能项目中标结果公示，中天科技再次拿到 484MWh 磷酸铁锂电池包项目
	拟募集资金 15.77 亿元投资 950MWh 分布式储能电站项目
许继集团	江苏下舍站 50MWh 储能电池项目
上气国轩	年产 8GWh 锂电池储能项目奠基，项目由上海电气和国轩高科共同投资，总投资达 30 亿元

数据来源：赛迪智库，2022.4

第二节 存在问题

一、关键政策和机制有待进一步补充完善

一是进一步提升锂电产业战略地位，把锂电产业作为推动交通电动化、能源清洁化、实现碳中和目标的核心支撑。强化顶层设计和规划引领，从国家战略层面制定发展战略和中长期发展规划，明确发展重点、发展目标、突破方向，科学合理规划产业布局。继续加大产业扶持力度，巩固先发和主导优势。二是锂电储能的成本疏导问题尚未解决，稳定、成熟的储能价格机制有待形成。国家发改委、能源局发布《关于加快推动新型储能发展的指导意见》明确提出的"建立电网侧独立储能电站容量电价机制"内容，是解决锂电储能发展面临的商业模式问题的有效解决方案之一。然而现阶段，相比于抽水蓄能较为明确的两部制电价体系，锂电储能在电价机制方面有待得到更多政策支持。锂电储能与抽水蓄能的调节范围、调节功能一致，但锂电储能调节响应速度更快、能量转换效率更高，应该享有容量电价支持。三是多部门针对锂电产业发展和应用的政策措施应加强协同和联动。

二、大规模应用系统安全底线有待进一步保障

新型储能设施正从商业化初期向规模化发展转变，安全始终是储能的生命底线。现阶段锂电储能电站存在运营管理不完善，优化调度水平有待提升的问题。电池储能系统安全性存在隐患，缺乏有效的安全标准规范，消防安全评估不足、预案措施缺位、项目系统集成水平低等原因增加了储能电站安全风险。锂电储能大规模发展新阶段，保障系统安全需要坚持安全第一、预防为主、综合治理的方针，从锂电储能项目准入、安全生产和安全防护技术、设计咨询、施工及验收、并网及调度、运行维护、退役管理、应急管理与事故处置等环节建立多维度安全保障体系。安全技术方面，从电芯本征安全，到系统集成的安全预警和安全防护，多层级提升安全保障技术能力。在标准规范方面，针对应用场景需求结合锂电储能自身特点，完善锂电储能安全标准体系和技术规范建设，探索项目准入的安全一票否决机制。优化锂电储能项目招投标最低价中标

机制，建立健全安全评价体系。

三、经济性和商业模式有待进一步提升

目前我国锂电储能典型商业模式主要包括合同能源管理模式和共享模式。合同能源管理模式即能源服务公司和电力公司签订能源管理契约，该模式下主要的储能应用场景包含峰谷电价套利、调频服务和备用电源等，其中峰谷电价套利、备用电源收益由电网按合同提供给能源服务公司，同时储能电站可以降低电网线路损耗，延缓设备投资，从而达到双赢的效果。共享模式是在梳理各利益方同储能电站投资方之间的利益关系后，通过第三方投资共享储能商业模式发挥其最大经济价值，共享储能投资方的收益来源于多利益方主体。

我国锂电储能市场总体尚处于政策驱动为主，市场驱动为辅的发展阶段。一方面需要对纵向产业链进行垂直整合，同时针对横向应用领域进行布局，丰富产品功能和类型，打造系统解决方案供应能力，与下游应用端客户通过示范项目等方式建立合作，深度绑定；二是积极跟踪产业政策动态，积极寻求争取政府层面有关政策、资金和试点示范项目支持；三是积极拓展海外业务，以欧、美、日、韩、印等积极布局清洁能源以及储能产业规划的国家为突破口，采用如成本和技术优势较显著的基于磷酸铁锂以及铅蓄电池技术的户用储能解决方案等产品服务参与国际市场竞争。

区　域　篇

第七章 典型地区分析

第一节 典型地区：江苏省

一、运行情况

江苏省消费品工业品种门类齐全、配套能力强、开放程度高，2021年产业发展呈现出"规模大、创新强、企业优"的特点。一是产业规模稳定增长。1—11月江苏省消费品工业营业收入32109.3亿元，同比增长17.4%，纺织、轻工、医药等产业规模均位居全国前列。其中，纺织工业营业收入同比增长12.4%，轻工业营业收入同比增长21.6%，医药工业营业收入同比增长8.1%。二是创新能力持续提升。江苏省消费品工业拥有省级以上企业技术中心800余家，其中医药工业拥有省级以上企业技术中心的企业占规上企业比重达15%，位居工业行业首位。医药工业研发费用占营业收入比重达7.1%，高于全省规上工业4.8个百分点；全年获批10种创新药，占全国获批数24%。三是企业发展态势良好。江苏省拥有消费品工业规上企业19129家，占全国比重近12%；拥有百亿级企业21家，其中千亿级3家；全省12家医药企业入围"中国医药工业百强"榜单，入围数多年处于全国前列；26家服装企业入选"中国服装行业百强企业"榜单。

二、发展经验

(一) 强化消费品工业"三品"行动推进

江苏省围绕扩大内需,深入推进消费品工业"三品"专项行动。一是开展"网上年货节""双品网购节"等活动。通过部门联动、省市联动、企业与电商平台联动,发挥自有平台和信息消费体验中心作用等方式,开展年货节促销活动,组织冰雪体育、运动健身类企业和产品召开专场对接会。二是推进行业规范管理和质量安全。开展印染、铅蓄电池、粘胶纤维等行业规范公告管理工作,3家印染企业、2家粘胶纤维企业入选工信部行业规范管理公告。开展食品工业企业诚信管理体系贯标培训,指导婴幼儿配方乳粉企业做好国家质量追溯平台数据报送工作,17家食品企业入选工信部食品工业"三品"典型成果汇编。三是发挥平台载体作用。南京、苏州、连云港、泰州、淮安、泗阳等地举办生物医药、医疗装备、食品、化纤等展会,推动重点地区特色发展、集聚发展。举办江苏省十佳服装设计师评选、紫金奖服装创意设计企业定制赛等活动,提升纺织服装企业创意设计能力,吴江丝绸文化创意产业园入选工信部2021年纺织服装创意设计示范园区。

(二) 强化优势产业链培育

江苏省重点培育的30条优势产业链中,消费品工业有品牌服装、化学纤维、酿造、生物医药的新型医疗器械等5条产业链入选,汇聚全省之力实施"产业强链"三年行动计划,一是实施省领导挂钩联系制度。每条产业链由一位省领导牵头组建产业强链工作专班,并召开产业强链工作推进会。二是明确发展重点。每条产业链都明确了一批重点发展企业、重点攻关方向、重点建设项目。三是加强合作联动。产业、人才、科技等部门和协会、智库、平台等支撑机构密切配合,支持集聚发展、特色发展,在医药领域有13家园区入选"中国生物医药产业园区综合竞争力50强",其中苏州工业园区位居首位。牵头成立长三角生物医药产业链联盟,指导产业链加强协同合作和对接交流。

(三) 强化创新能力提升

江苏省进一步强化企业在创新中的主体地位,加快提升消费品工业的创新能力。一是开展关键技术攻关。在生物医药、医疗器械、高端纺织、酿造等方向开展关键技术装备攻关。二是保障新冠疫苗生产。在新冠疫苗、生物制药上下游关键原辅料、配套设备等环节,梳理出 7 家企业 12 个产品,推动企业为新冠疫苗企业生产线新扩建项目提供生产物料,其中,连云港中金医药包装为国内生物反应袋企业供应复合膜材料约 70 万平方米,苏州纳微科技的层析填料和苏州利穗科技的层析柱装备在新冠疫苗企业扩产中发挥了重要作用。三是加强企业创新平台建设。在江苏有优势有能力的领域引导企业建设各类创新平台,推动企业建设国家级和省级企业技术中心。

(四) 强化重点医疗物资生产保供

江苏省在常态化疫情防控下,强化重点医疗物资生产保供,确保关键时刻"产得出、用得上"。一是加强重点企业跟踪调度。元旦、春节等重要节点期间强化重点医疗物资生产企业的跟踪调度,南京、扬州在疫情期间及时协调地方与生产企业对接。二是保障新冠疫苗稳产扩产。全力协调省内有关疫苗原液、层析填料、包材、装备及零部件等企业保障供应,扬州赛分科技在疫情防控期间不间断生产保障国药中生的层析填料供应,淮安汉邦科技为上药康希诺工厂及时提供匀浆罐等设备。三是推进新冠中和抗体药物生产准备。推动相关企业加强合作,加快产品验证进度,做好关键物料储备。

三、启示与建议

(一) 强化规划和政策引领

江苏省近年来先后出台一系列相关政策文件,推动消费品工业转型升级。2021 年江苏省发布《江苏省"十四五"制造业高质量发展规划》,并制定《江苏省"十四五"医药产业发展规划》,明确了消费品工业"十四五"发展导向。江苏省政府先后出台《关于促进全省生物医药产业高质量发展的若干政策措施》和《关于优化审评审批服务推动创新药械使用促进医药产业高质量发展行动方案（2022—2024 年）》，为医药产业发展营造良好环境。

（二）培育骨干企业推动产业高端化发展

江苏省推动龙头企业加大新产品、新工艺、新技术开发力度，形成一批技术引领型、市场主导型"链主"企业。支持中小企业专注细分领域，持续开展技术研发、工艺升级，形成一批市场竞争力强的专精特新"小巨人"企业。支持有条件的企业通过兼并重组整合市场、资本、人才和品牌等国内外资源，提升国际化发展水平。发挥国家先进功能纤维创新中心和各类企业创新平台作用，推动企业开展协同创新。持续开展"双品网购节""纺织服装创意设计示范园区创建"等活动，引导企业开发更多适应市场需求、满足消费升级需要的产品。

（三）推动消费品工业绿色化智能化发展

江苏省围绕落实碳达峰、碳中和要求，培育打造一大批绿色工厂、绿色园区和绿色供应链示范企业。加快节能、节水、绿色、低碳技术创新应用，引导企业实施节能降耗、生产工艺绿色化、废弃物资源化循环利用等改造，提高产业绿色低碳发展水平。争创一批智能制造示范项目、智能制造示范工厂、智能制造示范车间、工业互联网标杆工厂。为企业开展咨询诊断服务，提出"智改数转"解决方案并推动实施，结合专业园区需求开展"智能制造进园区"活动。

第二节　典型地区：广东省

一、运行情况

2021 年，广东省工业增加值比上年增长 9.3%，规模以上工业增加值增长 9.0%。广东省以数字"三品"为主攻方向，加大消费品工业"增品种、提品质、创品牌"，推动消费品工业发展稳中有进、稳中向好。2021 年 1—11 月，规模以上消费品工业企业完成工业增加值 12451.44 亿元，同比增长 10.1%；完成工业销售产值 52719.80 亿元，

占广东省规上工业的 35.85%，同比增长 15.76%；完成出口交货值 11573.3 亿元，同比增长 15.59%；完成利润总额 3491.72 亿元，同比增长 5.10%。

二、发展经验

（一）推动研发设计数字化，促进数字"增品种"

一是推进工业软件应用发展。编制《广东省核心软件攻关工程实施方案》，加快数字化人才培养，推动美的、立讯精密等制造业龙头骨干企业向工业软件和基础软件企业开放行业应用场景，以需求为牵引，加快推进核心软件攻关及应用。二是推动研发"上云上平台"。针对中小型企业研发设计需求，对复杂工程产品或设计进行多学科仿真计算，模拟、预测、分析和优化产品性能指标，提升企业协同设计能力和设计效率，提高产品研发速度。三是打造一批数字化设计平台。充分利用数字化技术带来的变化，推动工业设计跨界融合。举办第十届广东设计周并开展成果对接，被工信部新认定 13 家国家级、139 家省级工业设计中心。四是加速发展数字文创产品。制定实施《广东省工艺美术保护和发展条例》，在全国率先将"新兴工艺美术"纳入立法保护和发展范围。建立"艺篮子"工美文创产业互联网平台，为 32 位工艺美术大师提供大数据采集及分析。

（二）推动消费品工业融合发展，促进数字"提品质"

一是推动数字资源供给方与消费品工业需求方跨界合作。支持跨行业、跨领域工业互联网平台发展壮大，为现代轻工纺织、智能家电等消费品工业产业集群建设和企业数字化转型提供支撑服务。二是推动消费品企业数字化转型。通过工业互联网标杆平台提供"小精轻"的工具和手段，在研发管理协同、生产设备状态监控等领域提供了超过 400 项应用服务，累计推动超过 1.5 万家工业企业实施数字化转型。广州市鼓励面向纺织服装、美妆日化、箱包皮具、珠宝首饰、食品饮料等五大特色产业集群，着力打通销售、设计、生产、仓储、物流、后服务等产业链各环节，建设行业级工业互联网平台。三是支持整合产业链提升集群核心竞争力。佛山顺德小家电产业集群通过数字化赋能全产业链，帮助200家小企业交货周期减少三分之一、人均产值提升三分之一、服务人员减少三分之一，产业集群核心竞争力得到大幅提升。

（三）探索新型消费和营销模式，促进数字"创品牌"

一是支持企业构建以用户为中心的数字化营销体系。大力发展网络购物、网络直播、平台直销、社区营销等新型消费，加快传统消费模式转型升级。美的集团通过渠道云、用户云、新零售整合解决方案，利用数字化手段连接渠道商、用户、零售门店和导购工作人员，最终实现用户直达、效率驱动、全域融合。2012年至2020年，集团营收从1341亿元上涨至2800多亿元；净利润从67亿元增加到275亿元；存货占比从17.6%下降到8.6%；资金周转天数从26天变成2.3天。二是支持线上展览展示。从2019年开始建设"网上中博会"，通过线上线下相融合，为企业多渠道"解难题、拓市场、聚人气"，目前共为4700多家企业提供免费在线展示服务，推介产品达16100多项。积极支持企业参加工业和信息化部食品工业"三品"成果展，向全国人民展示食品领域的优秀新产品、新品牌。

三、启示与建议

（一）做好消费品工业数字"三品"基础工作

广东省加快推动消费品工业数字化转型，组织研究消费品工业数字"三品"定义和标准，推动消费品工业实施数字"三品"的技术融合应用能力提升。广泛引导企业积极开展数字"三品"相关工作，在服装、家纺、电子产品、食品、家用电器、化妆品等消费品领域大力培育智能制造示范工厂，形成一系列示范带动作用强的数字"三品"应用场景典型案例，夯实消费品工业数字"三品"工作基础。

（二）强化数字化转型政策法规引导

广东省出台《广东省数字经济促进条例》数字经济地方性法规，聚焦"数字产业化、产业数字化"两大核心，为经济社会各领域开展数据

收集、存储、使用、加工、传输、公开等提供了法制支撑，营造有利于数据资源优化管理、企业加快数字化转型的友好环境。进一步加强数字化转型政策措施支持引导，制定出台《广东省制造业数字化转型实施方案（2021—2023 年）》，明确智能家电、现代轻工纺织、生物医药与健康、现代农业与食品等 20 个战略性产业集群数字化转型的发力点和数据赋能方向，推动消费品工业企业运用新一代信息技术实施数字化转型，促进降本提质增效。

（三）加强电商品牌和地方品牌建设

广东省加大消费品工业中小企业与淘宝、京东、抖音等各类电商、直播平台合作，推广优质产品和品牌，扩大产品销售数额，发展企业电商线上线下一体化经营模式。大力推进地方特色品牌建设，实施优化消费供给、加快培育本土高品质消费品品牌、发展新型消费等政策措施。整合直播、内容创作平台资源，扩大消费品电商影响力。

第三节　典型地区：山东省

一、运行情况

近年来，山东省聚力高质量发展，实施新旧动能转换重大工程，谋划推进重点产业链"链长制"工作机制，大力推动制造强省建设。食品产业作为山东传统的特色优势产业，转型升级、动能转换的步伐坚定，成效明显。目前，山东已成长为全国规模最大、出口第一、知名品牌众多的食品工业大省，2020 年全省食品工业规上企业实现营业收入 8881 亿元，占全省工业的 11%，占全国规上食品工业的 10% 以上；食品农产品出口额达到 1257 亿元，占全国农产品总出口额的 24%，稳居全国首位。2021 年前 11 个月，山东食品工业规上企业数量达 3742 家，多个行业投资增长加快，农副食品加工业、食品制造业、酒、饮料和精制茶制造业投资增速分别为 26%、22.1%、7.2%，工业增加值分别增长 9.8%、25.3%、13.7%，呈现量质齐升的良好发展态势。

二、发展经验

（一）强化政策引领，做好产业顶层设计

山东省委、省政府一直以来高度重视食品产业发展，特别是近年来，更是将食品产业作为支撑实体经济高质量发展、保障社会安全稳定的一个"压舱石"。2020年，省政府出台加快食品产业高质量发展的17条措施，启动推进食品全产业链一体化发展。山东省工信厅相继配套出台《山东省特色优势食品产业集聚区培育实施方案》等配套政策文件，精确绘制图谱，精准分业施策，每年以省委、省政府名义通报表扬100个在全省食品产业高质量发展工作中表现突出的集体和个人，形成一批重点突出、路径明确、支持精准的产业政策，加快构建高端高质高效、集聚集群集约、专业专注专长的现代食品工业产业体系。

（二）探索链式发展，塑造产业优良生态

2021年，山东省确定了42个产业基础雄厚、比较优势明显、发展潜力较大的制造业重点产业链，全面推行"链长制"工作推进机制，其中包含肉类、酒类、食用植物油等3个山东省有比较优势的食品产业链。选定金锣、国井、西王等23家"链主"企业，并依托"链主"企业成立了产业链推进联盟，聚焦产业链优势领域、短板弱项和空白环节，省市县三级协同着力于招引填空型企业、补充型项目、紧缺型人才和撬动型基金，统筹提升全链条核心竞争力。截至目前，山东在食品行业领域共策划实施重点项目265个，其中64个被列入2021年全省重大项目名单。

（三）实施"三品"战略，壮大产业品牌影响力

近年来，山东省深入开展"三品"战略专项行动，先后推荐青岛啤酒、张裕葡萄酒、鲁花花生油等70个产品品牌入选全国食品工业"三品"典型成果名录，集中亮相工信部组织的线上线下成果展。组织编制"山东特色优质食品目录"，评定推出东阿阿胶、芝麻香白酒等85个特色优质食品。培育山东食品工业"名品、名企、名区"，指导举办了东亚国际食品博览会等展会，组团参加国内知名食品展会，大力实施鲁酒

品牌提升工程，开展高端鲁酒、齐鲁粮油全国行等系列活动，多渠道、多模式擦亮齐鲁美酒、齐鲁美食公共品牌，推动实现质的稳步提升，提升供给能力水平。

（四）聚力数字赋能，催生产业发展新动能

山东省积极抢抓新一轮产业革命和技术革命机遇，挖掘企业共性需求，推广应用数字技术，推动产业生产方式、管理模式新变革。山东省建设了 22 个食品行业省级工业互联网平台，举办了 4 场全省数字化转型现场推广交流会，树立了景芝酒业、欣和食品等 20 个食品行业数字化转型标杆企业。实施数字鲁酒工程，指导浪潮集团建设国家工业互联网首个"酒业二级标识解析节点"，张裕集团建设葡萄酒区块链认证公共平台，打造中国酒业链主链和山东酒业大数据服务平台，为酒业提供产品供应链管理、大数据营销、质量品牌社会评价等服务。

（五）实施创新驱动，增强发展内生动力

山东省牢固树立创新"第一动力"理念，尤其在食品这一传统产业，着重实施新一轮高水平技术改造工程，山东省先后举办了 3 场食品行业"云技改"综合对接会，在肉类、生物发酵、阿胶、食用盐等行业举办了智能化、绿色化专题技改会，帮助和指导 3000 多家重点企业与近百家技改服务商、高校科研单位实现"零成本"互动对接，激发更多中小企业技改意愿和技改投资。强化"产学研"合作，组建了山东省食品产业创新发展研究院，汇集高校科研单位力量，面向食品行业提供人才和智库支持。开展了培育省级特色优势食品产业集聚区活动，2021 年认定农副食品、海洋食品、肉类制品等 35 个特色产业集群和精深加工基地。指导山东现代肉类食品集群成功入围 2021 工信部先进制造业产业集群竞赛，是全国食品工业首个参赛、唯一入围的食品产业集群。

三、启示与建议

山东省深入贯彻党的十九大和十九届历次全会精神以及中央经济工作会议，锚定"走在前列、全面开创""三个走在前"总遵循、总定位、总航标，在守牢食品安全、安全生产的基础上，着力实施"四大工

程",扎扎实实推进食品产业高质量发展。一是实施特色优质食品提升工程。深化"三品"战略,扩项增容山东省特色优质食品目录,培育更多山东名优食品,满足市场消费升级需求。二是实施精深加工综合利用工程。优选和推广一批食品加工先进技术、工艺和装备,引导企业加大技术改造和技术创新力度,助力产业转型升级。三是实施产业发展高质量集约集聚工程。分类施策,对标提升,继续在全省培育省级特色优势食品产业集群、强县、强镇和基地,打造万亿级食品工业"航母舰队"。四是实施食品数字新蓝海工程。启动"食品产业数字化赋能推进年"系列活动,树立200家工业互联网平台应用标杆企业,实施100项数字化转型标杆项目,促进数字技术与食品工业深度融合,为产业高质量发展注入蓬勃动力。

第四节 典型地区:北京市

一、运行情况

2021年,北京市工业增加值5692.5亿元,同比增长31.0%。规模以上工业增加值同比增长31.0%,其中医药制造业在疫苗生产带动下比上年增长2.5倍,计算机、通信和其他电子设备制造业同比增长19.6%,汽车制造业同比下降12.0%,智能手机产量同比增长17.1%。2021年1—11月,全市完成工业产值4866.2亿元,同比增长214.5%。北京市坚持以习近平新时代中国特色社会主义思想为指导,立足"四个中心"首都城市功能定位,推动消费品产业高质量发展,实现了"十四五"开门红。

二、发展经验

(一)不断强化保障能力和首都职责

北京市为保障疫苗生产,坚持高位协调,由市领导挂帅组建工作专班,由常驻专员对企业服务,有力推进疫苗扩产工作,半年建成16万平方米生产车间,以50亿剂的生产规模有力保障了国内防疫任务和国际抗疫工作。为强化配套保障,全市办理人员、物资进出京证明26张,

协助组织招聘技术人员和生产线工人 2000 余人,并提供 700 余套公租房、周转宿舍,协调临床资源加快动物攻毒实验。对关键原辅材料采购和进口替代工作同步进行部署,落实封闭厂区公共道路"全维防护"要求。全市依托国家重点医疗物资保障调度平台强化重点防疫物资生产调度,健全首都应急保障体系,全年累计生产消杀产品 5000 余吨、口罩 2.8 亿只,圆满完成建党 100 周年庆典等重大活动生产保障任务。为提升"平战结合"能力,将规划筹建的 340 亩"健慧谷"纳入全市应急体系,重要原料产能保障和产成品轮储能力得到强化,产业链稳定性和抗风险能力有效提升。在民生保障强化方面,做好盐业储备工作,系统开展冷链食品生产加工企业督导,建立企业台账,落实常态化消杀、核酸检测要求,推动从业人员全面完成疫苗接种。

(二)以"高精尖"为定位不断提升创新优势转化能力

北京市将医药产业明确定位为首都发展的双轮之一,加强顶层设计,编制发布《北京市"十四五"时期高精尖产业发展规划》,重点布局"药、械、服务"三大方向,培育打造医药健康领域,使其成为引领国际的支柱产业,预计"十四五"末达到万亿收入。为强化创新溢出,全面启动国家实验室建设,组建科学家领衔的创新团队运营实体,设立首批研究型病房,缩短立项及入组时间,将创新药物临床试验费用纳入医保报销范围。进一步优化要素供给,全年新供应工业用地 1000 亩,建设标准厂房 32 万平方米,设计围绕创新品种落地、产品国际化、境外品种引进、外包生产服务的专项支持政策,出台首个细分领域人才专项政策,全年引进产业人才 459 名。年内医药产业实现产值突破 4000 亿元、完成投资过百亿,为"十四五"产业持续稳定发展打下良好基础;完成首个完全自主知识产权中和抗体联合治疗药物获批上市,多款新冠肺炎治疗药物进入国际三期临床;攻克体外膜肺氧合系统(ECMO)主机技术难关;通过国家创新审评通道获批上市 6 款医疗器械,6 款 AI 人工智能医疗器械进入市场实现按次收费。

通过聚焦"三品"战略使都市产业能级获得提升。一是把握新经济脉动,抓新品种供给。支持元气森林抢占"轻降运动"赛道,提升碳酸饮料市场份额至 2.1%;支持同仁堂牌黑芝麻丸开发成为网红爆款产品。

二是塑造新品牌形象。推动燕京啤酒、顺鑫农业等16家企业入选冬奥会、冬残奥会服务供应商，借助国际盛会推广北京品牌；支持举办中国国际时装周、北京时装周、第十五届北京工艺美术展，进一步提升本土时尚品牌文化自信与影响力；组织重点消费品企业开展第三届"双品网购节"，推动品牌产品与京东、便利蜂等线上线下商超增强合作，将互联网新动能注入传统消费品产业。三是树立新品质标杆。进一步强化食品行业标准宣贯实施，进一步深化行业诚信体系建设，组织全市110余家规模以上企业开展相关培训。

（三）实施"补短锻长"战略，推动全产业链提质增效

北京市加快建设、完善产业链。全面梳理疫苗、核酸检测试剂、呼吸机等民生保障重点产业链，组织由龙头企业牵头开展的技术攻关工作，推动疫苗灭活剂中试落地，两家疫苗企业成功入选国家级"链主企业"。组织中科院自主开发传感器与高端国产医疗器械产品进行适配工作。进一步增强平台服务能力，积极适应医药行业创新范式演进，以平台建设促进初创企业加速发展，引进建设了5个服务平台和3个企业孵化器，3万升规模大分子药物CDMO项目达到生产条件。与河北省、天津市建立重点物资联保联供机制，通过京津冀产业链金融支持计划连接上下游企业，实现沧州渤海新区生物医药园、深州家具园等一批代表性合作项目产业集聚和平稳发展，深化京津冀协同发展；建设标杆性数字经济城市，加快推进产业数字化。通过实施"新智造100"工程，完成首批35家智能制造诊断服务商征集工作，支持曲美家居智能工厂等16个项目率先通过智能工厂验收；加快谋划数字产业化，推进跨体系数字医疗标杆工程建设。加快推进建设围绕15个应用服务场景的全市统一的医疗健康数据平台，推荐首批医疗机器人应用场景，组织220余家单位参与人工智能医疗器械创新任务揭榜申报工作；以科技自立自强为引领，研究制定生物医药领域全产业链开放实施方案。落实"两区"政策红利，进一步鼓励医生及科技工作者创新积极性。紧跟产业发展前沿动态，提前组织细胞基因治疗产业架构。启动早期研发、检验检测、临床及产业化共三方面12个创新共性技术平台布局，优先保障15万平方米专业空间。

三、启示与建议

（一）坚持稳增长工作方案

北京市坚决贯彻中央经济工作会议精神，以首都发展为指引，完整、准确、全面贯彻新发展理念，统筹推进各项工作，进一步释放创新优势和发展动能，实现消费品工业稳中有进。深入贯彻全国工业和信息化工作会议精神，制定全市稳增长工作方案，提高应对趋于复杂严峻和不确定的外部环境、国内经济发展需求收缩、供给受阻以及预期转弱等压力的能力；集中出台一批产业专项支持政策；落实"重点企业+重点项目"双保行动，建立服务台账；深化消费品"三品"战略实施，加快新冠药物研发产业化；全力保障抗疫物资生产，系统加强企业疫情防控、安全生产和质量管理水平。

（二）深入探索产业发展新范式

北京市加快医药健康产业集群化发展，利用新一代信息技术增强都市产业研发设计和制造环节；加强企业梯队建设，鼓励中小企业上规入统，加快培育"专精特新"中小企业，增强"服务包"机制发挥龙头企业带动作用；持续强化消费品工业智能绿色升级，推进绿色诊断，组织绿色技改，进一步降低单位增加值能耗水耗，探索产业低碳发展新路径。

（三）促进全产业链质量提升

北京市持续推进产业筑基工程，锻造疫苗产业链韧性，依照疫苗产业链梳理模式，梳理生物制药、医疗机器人产业图谱，围绕"卡点""难点"组织技术攻关；利用数字经济培育新增长点，打造标杆性数字医疗企业，培育技术、产品、服务相融通的新产业；持续深化京津冀协同，围绕重点领域加强供应链协作，围绕产业链共同谋划增量项目。

（四）强化重点领域要素融合

北京市持续推进重点领域政策供给和要素配置强化工作，利用"两区"红利进一步争取国家事权下放，制定完善地方产业政策体系，梳理政策文件，强化政策精准理解、实施；力争一年时间内再供应 2000 亩工业用地，再设立 2～3 支政府引导的产业投资基金，再建设一批产业服务平台和共性技术平台，再新增 20 家以上产业主体和 50 家"专精特新"中小企业。

第五节　典型地区：重庆市

一、运行情况

2021 年，重庆市实现工业增加值 7888.68 亿元，同比增长 9.6%。规模以上工业增加值同比增长 10.7%。全市规模以上工业中，医药产业增加值同比增长 14.5%，产值同比增长 11.9%。按照"促创新、强基础、补短板"的工作路线，重庆市积极推进生物医药产业供给侧结构性改革，不断提升产业链和供应链质量水平，扎实推动全市生物医药产业创新和高质量发展，取得了较好成效。龙头企业发展势头强劲，智飞生物营业收入突破 200 亿元，市值规模位列国内上市医药企业前列；太极集团和华邦健康荣获"中国医药工业信息中心制造业百强企业"称号；博腾制药已发展为国内医药 CRO/CDMO 领域龙头企业；中元汇吉工业产值突破 40 亿元，其核酸提取试剂市场占有率位居全国第一。

二、发展经验

（一）全市对产业链发展高度重视

中共重庆市委、重庆市人民政府主要领导高度重视产业链建设工作，亲自参与调研并多次作出重要批示，要求有关市级部门成立工作专班，靠前服务、主动服务，及时报告相关情况，全力协调解决产业链存在问题，并且市政府主要领导还专门带队赴国家药监局沟通交流。此外还将产业链建设列为全市重点支持产业项目，在政策资金扶持、运行要素保障等方面予以资源倾斜；市药监局多次组织相关培训及核查，指导企业开展产业改建和验证生产工作。在政策支持下，全市医药产业新产品申报数量和质量快速提高，二、三类国产医疗器械新产品年均获批数量达到"十二五"末的 3 倍，Car-t 细胞治疗药物、IL-17 抗体药物、长效

胰岛素等 20 余个新药项目处于临床试验阶段，博唯佰泰国产宫颈癌疫苗产业链项目目前已完成 4 价、9 价宫颈癌疫苗Ⅲ期临床试验入组，并顺利通过与进口产品的免疫原性对比试验，其研发进度位居全国领先水平。

（二）充分发挥企业产业链研究优势

重庆市委托企业开展产业链研究工作。新冠疫苗产业链建设工作正式启动后，全市积极响应，企业全力推进，产业链建设取得了阶段性成果，规模化试生产和工艺验证工作已基本完成。智翔金泰公司主动暂停自身在研项目，受托集中全力推进产业链建设，提前启动技术资料整理和文件编写，开展生产场地改造和种子细胞复苏等准备工作，确保按照时间节点完成小试工艺研究。截至目前，已完成 2 条生产线启动商业化规模试生产和工艺验证工作，完成 5 批次试生产任务，生产样品 11398 万剂（根据原液量计算数据）。经检测，生产样品的蛋白结构、纯度、生物学功能和工艺杂质等质量可比性研究结果显示，样品原液与标准品原液高度相似，试生产样品原液质量标准检验结果显示质量可比。

（三）全力构建上下游供应链体系

重庆市为确保疫苗产业链的正常运转，组织智翔金泰公司会同上海奥浦迈物、苏州纳微科技、杭州科百特、上海乐纯、沧州四星玻璃等上游供应企业，针对疫苗生产所需 11 种物料进行了联合攻关验证，除西林瓶稳定性试验仍在进行外，其余 10 项物料均已完成商业化规模验证，可满足规模化生产需求。其中，杭州科百特全新研发的除病毒过滤器为国内首款生物制品领域除病毒过滤器产品，填补了国内市场空白，产品在使用苏州纳微科技研发的阴离子和阳离子层析填料后，收率和纯度均高于使用进口层析填料。

三、启示与建议

（一）加快创新资源聚集

重庆市夯实创新基础、加速产业发展步伐，支持重点单位对接国家药物科技创新战略型平台，加强前沿领域高水平基础研究；鼓励智飞生物等行业龙头企业联合专业科研院所承担产业重点攻关任务,建设国家级疫苗、抗体研发中心等重点产业创新平台;大力发展第三方研发服务平台,不断完善创新平台体系。

(二) 推动应用转化能力提升

重庆市支持生产企业、医疗机构、科研院所、高等院校、检测机构、金融机构等共建实验医学研究所和临床转化中心等平台,推动一批引领性、带动性、渗透性强的成果落地转化,形成生物医药成果转化全链条;探索领军企业与公共卫生机构共建共用高级别生物安全实验室的建设新模式。

(三) 推动产业链现代化进程

重庆市依托链主企业生产支撑作用,发挥链主企业创新引领作用,建设基因工程药品制品、化学原料药及制剂、体外诊断试剂及设备3条产业链;支持特色原料药、药用辅料、药用包材、生物酶、植入材料等上游供应链项目加快布局;支持CDMO、CMO等配套服务平台建设发展。

农产品深加工
典型模式篇

第八章 典型模式研究

第一节　泸州老窖股份有限公司

泸州老窖股份有限公司（以下简称"泸州老窖"）作为国有大型酿酒企业，是中国浓香型白酒代表性企业和国家标准制定单位之一。1952年，泸州老窖酒被评为首届中国"四大名酒"，并多次荣获"中国名酒"称号。1996年泸州老窖被国务院评为行业首家"全国重点文物保护单位"。泸州老窖酒传统酿制技艺于2006年入选首批"国家级非物质文化遗产名录"。泸州老窖通过白酒生产带动高粱原料规模化种植和企业品牌化发展，取得了良好的经济和社会效益。

一、基本情况

2020年泸州老窖营业收入166.5亿元，主要经济指标位居白酒行业企业前列。泸州老窖采用"泥窖固态发酵、续糟配料、混蒸混烧"的生产工艺，以糯红高粱为原料、小麦为制曲原料酿制产品，依托传统酿制技艺，带动酿酒高粱培育，推进产品品质提升，建立并完善有机、质量、食品安全等八大管理体系，近年来，致力于实现从农田到餐桌的可追溯体系建设。

二、加工利用模式的创新性和示范性

（一）率先建立有机高粱种植基地

2001年，泸州老窖在行业中率先提出"有机酿造"的理念，建设

有机高粱基地，2008 年，"国窖 1573" 成为业界首个通过有机产品认证的浓香型白酒产品。目前，泸州老窖在四川省泸州市江阳区、龙马潭区、纳溪区、泸县、合江县等地建设了高粱基地，辐射带动川南地区 100 万亩高粱产业发展，在推进乡村产业高质量发展中发挥引领作用，自 2008 年起连续被农业农村部等国家八部委评为"农业产业化国家重点龙头企业"。

（二）推广酿酒专用高粱品种，实施标准化种植管理

泸州老窖联合四川省农科院水稻高粱研究所共同选育酿酒专用高粱新品种"国窖红 1 号"，该品种具有高产、出酒率高、酿造性能佳等主要优点，适合酿造优质白酒。"国窖红 1 号"在泸州老窖高粱基地及周边地区得到了大力推广应用，获得国家农产品地理标志产品保护登记，并入选了"中国著名农产品区域公用品牌"。泸州老窖牵头制定四川省（区域性）地方标准《泸州糯红高粱有机种植技术规范》《有机高粱病虫害绿色防控技术规程》，制定《有机粮食》《有机粮回收管理办法》等企业标准和基地管理办法，目前已建成国家级有机高粱标准化种植示范基地，实现有机高粱的丰产和品质提升。泸州老窖的"酿酒专用高粱有机标准化种植技术集成与推广"项目荣获全国农牧渔业丰收奖，"泸州老窖酿酒专用高粱有机高产栽培技术集成与应用"项目获得泸州市科技进步奖。

（三）健全基地管理体系，创新产业运作模式

泸州老窖采取"公司+有机农场（专业合作社）+种植户"的产业化经营模式，采用订单农业合作模式，建立保护价收购机制，与专业合作社签订种植协议，按照"生产有规程、质量有标准、产品有标志"的建设要求，推进有机高粱基地建设。同时，泸州老窖成立了泸州红高粱现代农业开发有限公司，对有机高粱基地建设和生产实施"扁平化"管理，从品种培育、栽培技术、试验示范推广、基础设施建设、质量认证等方面进行专业化运作；建立三级技术培训体系，免费对种植户进行技术培训，通过发放"明白纸"、宣传手册，开展座谈及举办会议等多种形式进行标准化生产技术培训，全面普及各项技术，培育新型农业经营主体 23 个。

（四）以工业带动农业，促进农民就业增收

泸州老窖将高粱基地建设作为战略任务，与种植户建立长期可靠的合同保障机制，提高种植户的种植积极性。为此，泸州老窖对基地农场给予以下政策支持：一是五统三免，统一种子繁育、统一农资发放、统一技术培训、统一病虫草害防控指导、统一收储管理，免费发放高粱种子、免费发放有机肥料、免费发放生物药剂；二是两建两补，对农场修建生产便道、铺建杀虫灯，对设置隔离带、水改旱的种植户进行补助；三是优质优价，采用分区动态考评、注重有机过程管理、高价回收有机高粱，最高回收价格可达9.2元/公斤，切实维护了种植户利益。由于助农增收成效显著，泸州老窖先后被中共四川省委农村工作领导小组授予"农业产业化经营先进龙头企业""助农增收作用突出龙头企业"等称号。

（五）建立现代化质量保障体系，筑牢品质根基

泸州老窖于1979年率先在白酒行业中推行全面质量管理，先后按照国家标准及内部控制需要组织建立并实施了质量、食品安全、环境、测量、有机产品、能源、诚信、职业健康安全八大管理体系，并通过第三方机构认证，建立了涵盖原粮种植、曲药生产、酿酒生产、基酒储存、勾调组合、灌装生产、质量检验和仓储物流等环节数百余项技术标准的较为完善的质量技术标准体系，其产业链全程风险管理经验获评为全国质量标杆。通过开展系统化供应链质量管理，泸州老窖将质量管理延伸至供应商、物流运输合作方及经销商，该管理模式荣获第四届"四川省质量奖"。通过实施首批国家级消费品标准化试点项目"泸州老窖股份有限公司食品及相关产品标准化试点"，泸州老窖全面推进酿酒工程技改项目建设，将仿真技术、在线检测、工业机器人、大数据等应用于生产过程，有效提升白酒酿造及产品质量的稳定性，实现了传统酿酒生产的优质、低耗、高效、循环发展，在行业内起到了良好的示范作用。

三、示范推广价值

泸州老窖将白酒生产的"第一车间"放到田间地头，探索形成"公司+科研院所+有机农场（专业合作社）+种植户"的基地管理运作模式，

建立以龙头企业联结有机农场、以有机农场联结种植户的运作模式，形成种植、加工、销售有机结合和相互促进的"扁平化管理"运行机制，按照"依龙头、育基地、建专合、联种植户、壮龙头、富农民、兴乡村"的思路，建立多个核心示范区进行推广示范，辐射带动全市及周边高粱产业发展，有力推动订单农业的不断发展壮大。泸州老窖以合同为纽带，与有机农场形成经济共同体和产业内部利益补偿机制，发挥农业产业协同效应，实现工业反哺农业。同时，有机基地保障了酿酒原粮的供应和质量安全，对农业可持续发展和生态环境保护发挥重大作用，有效推动泸州高粱产业走向有机、标准化的现代农业化经营道路，促进农民增产增收，助力脱贫攻坚与乡村振兴。

第二节　安琪酵母股份有限公司

安琪酵母股份有限公司（以下简称"安琪酵母"）总部位于湖北省宜昌市，经过多年发展，逐步成长为一家国际化、专业化上市公司。安琪酵母的主导产品酵母及深加工产品，较广泛地应用于烘焙与发酵面食、食品调味、酿造、动物营养、人类营养健康、微生物营养、植物营养等领域。

一、基本情况

2020年安琪酵母实现营业收入88.3亿元，在湖北宜昌、广西柳州和崇左、云南德宏和普洱、新疆伊犁和可克达拉、内蒙古赤峰、河南睢县、山东滨州和济宁，以及埃及贝尼斯韦夫省、俄罗斯利佩茨克州等地共建有13个酵母工厂，酵母类产品总产能超过35万吨，出口163个国家和地区，在国内市场占比超过60%，全球市场占比超过15%，产销规模总体居亚洲第一位、全球第二位。安琪酵母利用现代生物技术，发展壮大酵母产业，有助于农产品深加工、产物科学利用，取得了经济效益、环境效益和社会效益的多效并举。

二、加工利用模式的创新性和示范性

（一）农副产品高值化利用，紧密联结农业生产

我国糖蜜的年产量约为 300 万吨。作为中国最大的酵母公司，2020 年安琪酵母采购糖蜜达 150 万吨，每吨 1600 元，通过现代酵母加工工艺将糖蜜变"废"为宝，提高了农产品利用价值。安琪酵母每年在赤峰翁牛特旗种植甜菜 17 万亩左右，收购甜菜约 60 万吨，带动 2000 多户农户致富，其中贫困户近 200 户，户均收入达 2.9 万元。安琪酵母采取甜菜种植补贴政策，近三年来，补贴面积达 15 万亩，补贴种植户金额合计近 1000 万元；采取"公司+基地+农户"模式，与农户签订购销协议；2017 年以来，开展甜菜种植培训，涉及农民达万人次以上，理论和实地培训相结合，提高农户种植水平，甜菜平均单产从 2017 年的 2.6 吨/亩，提高到目前的 3 吨/亩以上；同时，与广西、云南等甘蔗产区的制糖原料企业、种植单位等建立长期合作关系，带动上游产业链持续收益。

（二）推进绿色制造，打造"农田到农田"的绿色产业

安琪酵母开展节能降耗，通过全面推广节能设备、节能技术和余热余压回收技术等手段，降低工厂各用能设备能源消耗，采用磁悬浮风机组或磁悬浮冷水机组，开展锅炉自动化改造，实现热能回收、能源梯级利用，从而提高用能设施能效。2021 年，安琪酵母实施完成节能减碳技改项目 28 个，减排二氧化碳 2 万吨；使用清洁能源，推进传统化石燃料替代；利用厌氧菌使有机废水发酵产生沼气，回用于沼气燃烧锅炉生产蒸汽，2021 年回收利用沼气 1689 万方，减少蒸汽采购 8.8 万吨，减少二氧化碳排放 2.7 万吨；进行循环再利用，将从发酵废水中富集回收的有机质变废为宝，通过干燥喷粉或堆肥工艺生产酵母源有机肥，促进微生物增殖，改善土壤品质，提高作物对肥料的利用率，实现提质增产，有效解决长期施用化肥导致的土壤酸化、板结和肥力降低等问题，自 2003 年以来，生产有机肥系列产品累计投放超 400 万吨；逐步探索形成"原料来自农产品加工、主产品端上餐桌、衍生产品又为

农业服务"的循环经济产业链。

（三）做强酵母深加工产业，带动相关农产品发展

安琪酵母率先创新开发酵母相关产品并应用于中国主食馒头、包子加工等领域，从根本上解决了传统老面发酵的"发酵速度慢、食品安全无保障、难以工业化"等问题，为传统主食现代化、产业化提供技术基础；将酵母技术应用到酿酒领域，优化酿酒生产工艺、提升酒企出酒率、稳定酒类品质，带动玉米、高粱、大米、秸秆等生物质原料的高值化利用；承担酵母抽提物国家科技攻关课题，将酵母抽提物推广到食品工业的众多细分领域，成为"减盐淡咸、清洁标签"的核心调味原料；开发酵母浸出物，成为生物发酵行业广泛使用的新型有机氮源和生物培养基。目前，安琪酵母生产的酵母提取物生产规模近10万吨，居世界第一位。安琪酵母利用酵母的营养特性，开发酵母葡聚糖、富硒、富锌等深加工产品，应用于动物养殖、人类营养健康等领域，进一步扩大了酵母的使用场景；累计承担国家、省部级科研项目84项，获得科技进步奖48项，其中国家科技进步奖2项、省部级科技进步奖31项，在省部级科技进步奖中获得一等奖11项；主导和参与制定酵母行业国际标准，先后获得发明专利授权238件；通过产业创新带动中国酵母工业的发展，推动我国成为全球最大的酵母生产国和出口国，积极响应"一带一路"倡议，在埃及、俄罗斯先后建立工厂。

三、示范推广价值

安琪酵母通过技术进步、物质循环和工业共生等手段提高资源利用率，做到"吃干榨净"，减少资源消耗、降低环境污染、提高企业的生态效率；保证企业在快速发展的同时，减少对环境的负面影响，使环境负荷增量在环境容量容许范围内；强化产品链的横向耦合、纵向闭合，对生产体系内的物质、能量进行集成，使传统线性工业发展模式向新型生态工业模式方向转变；形成种植业、发酵业、制肥业的上、下游物料支撑关系，建立物料循环使用、资源共享、副产品互换及自身循环利用的循环经济发展模式；实现了循环经济试点企业在经济效益、环境效益和社会效益的一举多赢，对促进有机农业持续发展发挥了良好的示范作用。

第三节　好想你健康食品股份有限公司

好想你健康食品股份有限公司（以下简称"好想你"），于 2011 年在深交所中小板上市，成为红枣行业的首家上市公司，目前其市值约 40 亿元。好想你聚焦红枣及其相关健康食品主业，稳步推进"红枣+食药同源"为主的产业布局，构建大健康产业发展战略，其中，以灰枣等为原料开发出的休闲食品受到消费者青睐。

一、基本情况

好想你 2020 年营业收入 30.0 亿元，在河南新郑、河北沧州、新疆哈密、新疆阿克苏等地建立四个生产加工基地，红枣原料品种包括灰枣、骏枣、冬枣、金丝小枣等，产品以红枣制品为主，延伸至冻干产品、坚果、果干、去核枣、高水分锁鲜枣、枣夹核桃等多个系列产品。好想你采用种植标准化、加工标准化、服务标准化的管理模式，先后荣获农业产业化国家重点龙头企业、国家绿色工厂、国家绿色供应链管理示范企业、全国重合同守信用企业与河南省省长质量奖等荣誉。

二、加工利用模式的创新性和示范性

（一）推广"公司+合作社+农户"的联农带农机制

好想你自建原料基地 8000 亩（1 亩约为 666.67 平方米），对选种、培育、施肥、采摘等流程实施科学化管理，提升枣树管理水平，每年与新疆若羌、阿克苏、喀什地区实施"公司+合作社+农户"模式，开展年度原料采购储备工作，已累计签约种植面积 10 万亩，保证高品质原料供应，在一定程度上降低了原料价格波动风险。好想你从全国范围储备地理标志农产品供应商，并与当地合作社或企业签订年度战略合作，合作的特色农产品包括银耳、枸杞、山楂、百合等；实施精准采购，引导市场收购价格，促进红枣产业健康发展，形成枣农、加工企业、经销商、消费者互利共赢的良好局面；带动农户收入的提高，包括土地流转租金、产业工人薪酬、旅游带动再就业收入、入股分红、改造后特色房屋出租

等多方面；农户通过土地承包权流转，每亩每年可获 1400 元年租金，自行承包经营每亩每年可收益 4000 多元。

（二）重视农产品技术培训

好想你长期在新疆南疆地区驻派经验丰富的红枣种植专家，技术人员深入若羌县吾塔木乡、铁干里克镇、瓦石峡镇等地田间地头，组织开展枣树树体管理、肥水管理以及病虫害防治等丰产实用培训技术，培训乡村干部及当地枣农超过 10 000 余人。好想你还创办了河南好想你乡村振兴学院有限公司、新郑市非公有制企业（好想你）党建学院和郑州好想你教育咨询有限公司等，以开展专业技术培训和人才培养。

（三）创新拓展加工工艺和技术

好想你建设了国家级企业技术中心、河南省红枣深加工工程技术研究中心；投资 3.6 亿元打造国内首条高智能 FD 冻干车间，将无人化设计理念应用于机械智能操作中；建立中国红枣科学研究院，立足红枣特色生物制品研发等，深耕"红枣+食药同源"大健康战略，已取得商标注册证 1010 件（含域外注册 32 件），专利 70 件，著作权登记证 10 件，通过科技成果鉴定 14 项，获中国商业联合会科技进步奖 1 项、中国轻工业联合会科技进步奖 1 项、河南省科技进步奖 4 项、山东省科技进步奖 1 项。

（四）引领行业产品技术标准制修订和期货发展

好想你先后牵头或重点参与 3 项国家标准、3 项团体标准及 30 多项企业标准制修订，其中，国家标准《免洗红枣》已发布实施，国家标准《灰枣》《骏枣》已进入发布阶段。2019 年 4 月，好想你推动红枣期货在郑州商品交易所上市，作为我国期货市场第一个干果类品种，有效推动红枣产业向"优果优价"方向发展，引导枣农等生产主体按市场需求调整红枣种植结构，改善供求矛盾，优化工农互促发展关系。

三、示范推广价值

好想你采取"政府引导+龙头企业+合作社+农户"的运营体系模式，

以合作社形式整合村土地、居民用地、城镇用地、建设用地，给予村民保底收入和分红，确保农户的利益最大化。好想你累计安排当地就业人员 3000 余人，人均年收入 4 万元左右，同时辐射带动周边休闲观光农业就业人数超过 100 万人次。凭借渠道、品牌、营销等资源优势，好想你赋能县域农产品龙头企业，通过"一县一品、一区一店、一店千品、一品千店"运营模式，打造县域特色农产品运营平台，取得了良好的社会效益。

第四节　溜溜果园集团股份有限公司

溜溜果园集团股份有限公司（以下简称"溜溜果园"）率先提出中国梅产业"531 工程"，规划五年内在全国 1000 个乡镇推广青梅种植 100 万亩、惠农 100 万户的发展目标，是一家致力于青梅科研、种植、加工、营销一体化发展的企业。

一、基本情况

溜溜果园 2020 年营业收入 7.8 亿元，拥有安徽芜湖、福建漳州、广西崇左三大生产制造基地，是农业产业化国家重点龙头企业、国家级绿色工厂，"十四五"首批国家先进制造业和现代服务业融合发展试点企业。溜溜果园推动促进农业产业结构性调整、拉动就业和生态环境保护，带动农民脱贫致富，形成了以品牌带动产业、龙头带动农业的健康发展模式，其主要产品获得扶贫产品认定，旗下"溜溜梅"品牌被认定为中国驰名商标。

二、加工利用模式的创新性和示范性

（一）推动原料种植基地建设，加强技术培训指导

溜溜果园围绕全国三大青梅产业带，分别建有安徽溜溜果园产业园、福建溜溜果园产业园和广西溜溜果园产业园三大青梅生产制造基地，加快实施农业产业化进程，以"企业+基地+合作社+农户"的模式，统一进行青梅种植规划、技术指导及经营管理。

（二）加强技术力量建设，推进产业科技创新

溜溜果园依托安徽省认定企业技术中心、芜湖市青梅休闲食品工程技术研究中心、本公司工业设计中心等研发平台，进行休闲食品新产品研发；成立中国梅产业研究院，进行青梅全产业链产品开发；与江南大学、南京农业大学、安徽工程大学等科研院所合作，拥有自主知识产权专利共计 112 项、美术作品著作权登记 18 件、计算机软件著作权登记 1 件。溜溜果园先后承担多项芜湖市科技计划项目和安徽省科技重大专项，并在青梅基础研究方面取得新突破，"苦杏仁苷析出与回收方法"和"青梅筛选输送装置"获国家发明专利，"梅素"提取、"天然有机酸"分离中试平台完成建设，天然青梅原浆、梅酱、清汁自动化生产线正式投产，梅酒项目获得省科技技术成果认定；联合研发的"溜溜梅 1 号""溜溜梅 2 号"青梅新品种获中华人民共和国农业农村部、林业和草原局授予的植物新品种权证书，"溜溜梅 3 号""溜溜梅 4 号"青梅被安徽省林业局审定获得新林木良种证；参与或主持制定多项国家和地方标准，主导起草安徽省地方标准《青梅种苗繁育技术规程》《青梅栽培技术规程》，牵头申报《天然有机酸的检测方法》《青梅分类标准》两项行业标准，与中国营养保健食品协会联合申报"天然梅冻"团体标准。

（三）致力于品牌创建

溜溜果园以"中国青梅溜溜梅"为品牌主张，贯彻新十年"溜溜梅大品牌"战略。新产品方面，2021 年，"梅冻"销售额突破 1.6 亿元，同比增长 245%，"溜溜梅全家桶"销售额 1.4 亿元，同比增长 110.5%，"溜溜梅脆青梅"销售额 2337 万元，同比增长 447%；联合日本高端果冻设备制造商日本 ORIHIRO 株式会社，引进日本先进技术，在繁昌产业园建设年产值超过 10 亿元的天然梅冻"智慧工厂"，推进天然高端水果系列、天然植物精粹系列、天然奶酪系列产品开发，立项规划西梅加工产业园及健康西梅生产基地，培育品牌新增长点。

三、示范推广价值

溜溜果园积极推广青梅种植，进行种植技术培训、服务、跟踪指导，制定青梅种植、采收管理等技术规范，为农户提供管理与技术指导，并与之签订产销合同，保证青梅收购价高于市场价格，保障农户的产品销路和利益，提高了广大农户种植青梅的积极性；2021年，带动从事农业生产的农户数量8000余人，带动从事农产品原料生产人员近2000人，实现了良好的经济效益和社会效益。

第五节　金沙河集团有限公司

金沙河集团有限公司（以下简称"金沙河"）是一家致力于三产融合发展的民营企业，布局全国优质小麦主产区采购小麦，加工工艺和产品品质处于行业领先地位，市场占有率位居行业前列，建立多维度创新板块，涵盖市场、研发、生产、质量管理、知识产权、资本运营及企业管理等领域。

一、基本情况

金沙河2020年营业收入103.9亿元，下设13家子公司，分别坐落于河北、陕西、安徽、新疆四大省份，日处理小麦20 000吨，拥有100条挂面生产线，日生产挂面5000吨；相继通过ISO9001质量管理体系认证、ISO14001环境管理体系、HACCP食品安全管理体系认证等认定；2010年被评定为农业产业化国家重点龙头企业，2021入选"中国制造业企业500强"。

二、加工利用模式的创新性和示范性

（一）密切农工利益联结机制

金沙河农作物种植专业合作社（以下简称"合作社"）成立于2012年，被评为"国家农民合作社示范社"，发展模式收录于农业农村部首批典型案例。合作社采用固定地租、土地入股两种运作方式，企业提供资金担保、技术服务，职业农民投资、投工、入股等多种合作服务，农户以土地经营权入股，最终农户、职业农民和合作社风险共担并按比例分红，企业同等条件优先购买合作社提供的粮食。通过近两年合作社不

断流转土地，现种植面积已达 30000 余亩，涉及农户 7000 余户，开辟分红试点，除保证流转农户"双 500"固定地租外，根据盈余进行二次分红，提高了农民流转积极性。

（二）强化种植技术培训和产业科技创新

金沙河组织成立新型职业农民培训学校，对学员定期进行培训授课，学员经培训合格后可作为基地合作的职业农民。该学校被河北省农业厅认定为河北省新型职业农民培育实训基地。金沙河发挥科学技术对生产的积极推动作用，研发适合儿童的无盐藜麦、燕麦、赤小豆、胡萝卜、番茄、菠菜等挂面产品，将谷物、蔬菜等营养成分加入挂面，有助于儿童营养吸收；开发适合老人食用的荞麦、绿豆等杂粮挂面产品，有助于老人控制餐后血糖水平；开发网红产品葱油拌面及配料包等，更好地满足不同人群的需求。这些举措有效地提升了产品附加值。

（三）开展绿色原料基地建设

金沙河在基地内实行统一购种、统一供应、统一管理、统一技术、统一销售，并进行规模化、集约化经营管理；对小麦与玉米选种、管理、灌溉、耕播、收割等各环节制定规范化操作流程；秸秆还田、土壤深耕深松技术、播后镇压技术、测土配方技术等农业新技术应用率达 100%；基地农田全部改为喷灌，从播种到收获全程实现机械化，产量损失率控制在 2% 以内，降低平均种植成本约 10%，收入增长 10%；联合科研院所，开发应用小麦绿色增产增效技术，培育中麦 578 等加工适用性新品种；建立 3000 亩试验示范基地，种植 100 多个小麦试验品种，作为国家小麦体系试验示范基地，进行广适性品种大区、生产试验和小麦绿色增产技术集成示范等，并将成熟品种及技术向其他种植基地推广。

三、示范推广价值

金沙河通过"公司+基地+农户"的形式加强与农户的利益联结，牵头成立金沙河面业集团粮食种植产业联合体，形成良好的上下游产业联盟，带动提供就业岗位近 6000 个，其中，一产约 340 个、二产约 4000 个、三产约 1000 个。金沙河通过土地入股、订单农业等方式，直接带动农户 1 万余户，间接带动农户 146 万户，带动农户增收近 3 亿元；通过小麦深加工，有效提高农产品附加值，进一步带动物流运输、餐饮服务、休闲农业等第三产业发展；建立市场营销和服务网络，产品畅销全国各地，并远销欧洲、美洲、大洋洲、非洲的七十多个国家和地区。

第六节　重庆市涪陵榨菜集团股份有限公司

重庆市涪陵榨菜集团股份有限公司（以下简称"涪陵榨菜"）是一家以榨菜产品生产为主营业务的酱腌菜行业 A 股上市公司，致力于推动佐餐开味菜行业发展，旗下拥有乌江榨菜、乌江萝卜、乌江泡菜、乌江海带丝、乌江酱油、乌江下饭菜等系列产品，国内市场占有率、品牌知名度均位居前列，产品远销欧美日等市场。

一、基本情况

涪陵榨菜 2020 年营业收入 22.7 亿元，作为农业产业化国家重点龙头企业，拥有农业农村部国家榨菜加工技术研发专业中心、酱腌菜行业市级技术中心、市级博士后科研工作站、市级榨菜工程技术研究中心等创新平台，推动打造"大生产+精加工+高科技+深融合+强服务"全产业链格局，加快建设具有国际影响力的未来榨菜产业科创基地。目前，重庆市涪陵区作为世界最大榨菜原产地，已成功创建以榨菜为主导产业的国家现代农业产业园、国家农业科技园区，荣获"中国榨菜之乡"、全国果蔬十强区等 13 项国家级荣誉，涪陵榨菜全产业链总产值达 120 亿元，累计荣获国际、国内重要金、银、优质奖项 100 余个（次），拥有国家发明专利 16 个。

二、加工利用模式的创新性和示范性

（一）提升原料种植与农产品初加工发展质量

涪陵榨菜依托渝东南农业科学院，开展芥菜起源与分类研究，发现、鉴定并命名 4 个芥菜新变种，建立中国芥菜根、茎、叶、薹共 4 个大类 16 个变种的分类系统。在品种选育方面，涪陵榨菜率先实现青菜头杂

种优势利用，育成永安小叶、涪杂 2 号等新品种 10 余个，培育出"皮筋含量低、空心率低、菜型指数好、适宜加工"的青菜头新品种——涪优 928，开展"药食两用""高芥子苷含量"等新品种选育；将原料种植基地拓展到重庆、四川、贵州等地，实现合同种植、订单生产，形成企业、基地（加工大户）、农户（合作社）紧密结合的榨菜加工三级网络，建立"企业+基地（加工大户）+农户（合作社）"产业化经营机制，带领涪陵及周边地区 50 万菜农增收致富，形成榨菜产业集聚区，带动上下游产业共同发展；加强农技农艺培训，配置专职榨菜原料质量管理人员，提升青菜头质量验收标准、榨菜半成品加工技术标准。

（二）推动农产品深加工高质量发展

涪陵榨菜致力于开发高端精品榨菜，推动榨菜产品走向低盐、健康、高端发展；优化生产工艺，创新机械脱水、一步法榨菜腌制及工业化生产技术，开发并应用微生物纯种接种发酵和酶工程技术、榨菜发酵、榨菜与肉类复合加工、调味料萃取乳化和真空渗透调味、风味物质提取分离、榨菜汁和榨菜叶综合利用等系列技术，拥有自主知识产权发明专利近 10 项；应用新技术、新设备改造传统酱腌菜产业，实施"机器换人"行动，实现从榨菜起池到产品包装全程机械化，三级滚筒分级与三维切菜、电脑自动化控制脱盐、连续式均衡比例气动压榨脱水、全自动斗式防黏计量和充氮包装等技术装备达到酱腌菜行业国际先进水平；推行"机联网""厂联网"，与国内设备商联合开发榨菜精加工新科技，优化各生产工序，建成投产行业内首条智能化生产线，自控投用率达 100%；推动榨菜产业"科工农文旅"一体化发展，组建榨菜产业发展联盟，投资 50 亿元建设集智能制造工艺、大数据高效管理、和谐生态环境于一体的智能制造基地，以绿色发展、高质量发展为引领，推动涪陵榨菜产业转型升级。

三、示范推广价值

涪陵榨菜搭建了企业、基地（加工大户）、农户（合作社）紧密结合的三级网络，与基地农产品专业合作社、大户紧密联系，构建紧密的利益共同体，推广农产品加工智能制造，有利于保护自然环境，推动企业降本增效，促进企业向智能化、数据化转型，实现了行业领军企业的良好示范引领作用。

第七节　承德露露股份有限公司

承德露露股份有限公司（以下简称"承德露露"）是国内首批上市的植物蛋白饮料公司。承德露露以植物蛋白饮料生产及销售为主营业务，主导产品露露杏仁露受到广大消费者青睐，在国内市场占有主导地位，进而带动植物蛋白饮料产业及上下游产业链发展，在国内同行业企业中具有代表性。

一、基本情况

承德露露2020年营业收入18.6亿元，在河北承德、河南郑州等地建立生产基地，产品所用主要原材料为脱苦野山杏仁，率先研发应用研磨、乳化、均质、杀菌等工艺，相继研发并投产浓情款露露杏仁露、小露露、高端无糖杏仁露、杏仁奶、杏仁露风味产品等系列植物蛋白产品，丰富了企业品牌内涵，成为产业发展新的亮点和增长点。

二、加工利用模式的创新性和示范性

（一）推动原料品种优化和加强基础研究

承德露露与西北农林科技大学建立长期合作关系，就山杏资源分布及苦杏仁脱苦技术研发难度大、山杏晚霜危害及产量低而不稳、苦杏仁脱苦污染环境等问题，共同建立山杏种质资源圃，并大力研发苦杏仁脱苦技术；建设"山杏丰产栽培及综合利用关键技术与示范"项目，在优选杏种、丰产栽培、杏仁精深加工等方面进行深入研究；培育的"山甜1号"杏苗、"山苦2号"杏树等新品种，具有产量高、易成活、杏树开花时期延后等特点，解决了某些地区由于形成"倒春寒"的恶劣气候而导致的杏树绝收的问题，有效解决了山杏产业化的技术瓶颈。

（二）开展原料种植技术培训和指导

承德露露组织农民开展季节性培训、特色产业技术培训，从杏树品种选育、育苗移栽、补苗、防冻、施肥、灌溉、除草、病虫害防治、收获和贮藏等技术方面对农民进行深入地讲解分析；开展仁用杏丰产栽培技术研究，总结仁用杏丰产栽培技术规范，为农民增产增收提供技术培训；在苦杏仁收购季节，配置专职质量管理员以对杏仁质量进行把关，并负责苦杏仁的入厂检验、验收等工作；建立杏仁核验收标准，保障原料质量。

（三）推进科技创新赋能产业发展

承德露露对苦杏仁脱苦水进行创新研究，提取苦杏仁甙、杏仁多糖、黄酮、多酚类等多种营养成分，为医药保健行业的食品开发提供原料，相关成果荣获河北省轻工行业协会科技进步二等奖；成立河北省杏仁蛋白饮料技术创新中心，对苦杏仁脱苦水中的苦杏仁苷进行提纯研究，将苦杏仁苷纯度由70%提升到92%，大大提高了苦杏仁的加工利用价值，带动了产业链再升级。

三、示范推广价值

承德露露通过杏仁露产品研发生产，扩大了野山杏仁种植规模，在增加农民收入的同时带动周边经济发展；大力发展杏仁蛋白饮料产业，带动国内植物蛋白饮料产业发展和功能成分开发利用。以上举措，在调整农业产业结构、实现农业可持续发展、开发新食品原料、推动农民脱贫致富等方面有效地发挥了作用。

第八节 三全食品股份有限公司

三全食品股份有限公司（以下简称"三全食品"）于2008年在深交所上市，是国内首家速冻米面食品企业、农业产业化国家重点龙头企业，拥有"三全"和"龙凤"两大知名品牌，生产产品在国内市场占有率约30%，位居行业首位，连续5年入围"最具价值中国品牌100强"，生产能力和技术装备水平处于国内同行业领先水平。

一、基本情况

三全食品在 2020 年的营业收入为 69.3 亿元,在郑州、广州、成都、天津、苏州、武汉等地建有生产基地,设计年化产能 75 万吨,建有智能化立体冷库 2 座。近年来,三全食品研究并分析市场竞争态势、产业发展趋势、消费行为升级形式等外部环境变化,在技术创新、产品创新、商业模式创新等方面加强规划设计,持续推动企业增品种、提品质、创品牌。

二、加工利用模式的创新性和示范性

(一)持续推动产品创新和商业模式创新

三全食品通过技术创新引领消费需求升级,细化现有种类,挖掘细分市场,推出牛排、手抓饼、肉卷、甜品汤圆、儿童水饺等新产品系列;推动产品线延伸,向餐饮业进行拓展,与肯德基、海底捞、巴奴毛肚火锅等企业合作,开发茴香小油条、点心等产品,首创生鲜牛肉丸制品;与汉庭、全季等酒店企业合作,全面供应包子、油条产品,有效开拓新的市场空间;对大城市、三四线城市、农村市场等进行针对性细分管理,有效提高市场占有率;开拓新业态,打造线上生鲜电商和社区团购电商等模式,取得 7-Eleven 便利店业务在河南省的独家经营权。

(二)建立"产学研"一体的研发体系

三全食品建设了"国家认定企业技术中心""博士后科研工作站""全国米面食品标准化技术委员会速冻米面食品分技术委员会秘书处""河南省速冻食品加工工程技术研究中心"等创新载体和行业平台,拥有 CNAS 认证的实验室,与中国食品科学技术学会、河南省食品研究所、江南大学、中国农业大学、郑州轻工业大学、河南农业大学、河南工业大学、天津商业大学等建立稳定技术合作关系。近年来,三全食品相继承担或合作完成"十一五"及"十二五"国家科技支撑计划项目、"十三五"国家重点研发计划项目、"河南省重大科技专项""郑州市重大科

技专项"及"郑州市农业科技创新项目"等 20 余项科研项目，获省级科技进步二等奖 3 项、三等奖 2 项，参与"十四五"国家科技支撑计划项目 1 项；主持或参与起草国家、行业标准 24 项，拥有专利 273 项，鉴定成果 12 项。

（三）着力提升品牌影响力

三全食品着力培育旗下"三全凌""三全状元""面点坊""龙舟粽""果然爱""三全私厨"等副品牌，致力推动主食产品标准化、工业化、品牌化，树立良好口碑和企业形象，拥有有效商标共 847 件；强化宣传推广，深耕年轻消费市场，使三全品牌的认知度和市场占有率逐年提升，持续在中央电视台、湖南卫视等主流媒体获得企业宣传；积极开拓国际市场，通过产品升级、引进国际化品牌管理人才和参加国际展览展销等方式，提升外向型发展能力，产品远销欧美、澳新等市场。

三、示范推广价值

三全食品作为农产品加工企业，利用龙头企业的品牌优势，带动原料种植、生产加工、仓储物流、品牌推广等上下游融合发展，形成以区域农业优势资源为基础、多个涉农组织为主体、农业产业化重点龙头企业为支撑、相关服务机构为辅助、加工集聚地为核心的上下游紧密协作模式，有效促进农业增效、农民增收，年采购面粉和糯米粉 20 多万吨，肉类、蔬菜、白糖近 20 万吨，联动产业链上下游发展，带动中小企业 4600 家，帮助约 40 万农户实现稳定就业增收，被授予"全国就业先进企业"荣誉称号。

企 业 篇

第九章 重点企业研究

第一节 曲美家居集团股份有限公司

一、企业概况

曲美家居集团股份有限公司（以下简称"曲美家居"）成立于1993年，2015年成功上市。此后，曲美家居于2018年并购挪威知名企业Ekornes ASA，进一步提升国际竞争力。曲美家居秉承"设计创造生活"的理念，在北京、河南等地区拥有三大生产基地，为消费者提供中高档全屋家具和家居用品解决方案。曲美家居拥有完善的质量管理、职业安全管理、能源管理和环境管理等体系认证。曲美家居先后被授予高新技术企业、工信部绿色工厂、工信部绿色产品设计示范企业、工信部智能制造试点示范工厂、北京市智能标杆企业和北京市高精尖产业设计中心等殊荣。曲美家居旗下产品屡次斩获德国iF设计大奖、中国红星设计奖等国内外顶级奖项。

2021年，曲美家居营业收入50.73亿元，在国内家具品牌中名列前茅。曲美家居的品牌业务改革初见成效，新产品和新的店面形象顺利铺向市场；同时，加盟业务收入止跌回升，直营业务和创新业务加速增长。能取得这样的成绩，主要是曲美家居做到了如下三点：一是加盟业务改革成效显著，2021年重点解决了"店漂亮，货对路"的问题，加盟收入稳步回升；二是通过多种方式，有效提升了直营业务的经营能力，搭建私域流量，增加客流数量，上线"智慧门店"系统，管理水平显著提高；三是创新业务快速发展，工程业务、家装公司渠道、引流平台业务实现增长。在海外品牌方面，被曲美家居收购的 Stressless 品牌的舒适椅及电动椅、功能沙发、软体餐椅产品销量快速增长；另一个被收购的 IMG 品牌的重要客户订单也大为增多。同时，Stressless 与 IMG 两大品牌在中国市场的销售额也快速上升。

二、发展战略

曲美家居通过结合开放式定制与柔性生产，打造新型信息消费体验中心，推进绿色创新等方式，成为家居行业一股逐渐壮大的力量。

（一）结合开放式定制与柔性生产，开启智能制造转型升级

曲美家居通过个性定制设计、智能分包排产、数据对接智能生产，曲美家居建成一体化的工业数字化生产服务体系，并在行业内得到初步复制和推广。其成功经验主要是如下四个方面：一是采取"定价格、定款式、定材料"，"审方案、审样品、审工艺、审图纸、审价格"的"三定五审"原则设计产品，打通了市场调研、外观设计、工艺研发、样品试制与新产品定价等各大环节。"三定五审"原则使公司的新产品同时满足了设计美感、工艺品质与市场定价的要求。二是柔性包装系统打破了国内家具行业的常规打包模式，使之更灵活地适应不同订单的运输、搬运和组装需求。三是曲美家居拥有三大生产基地和九个生产工厂，有机结合了定制式生产和批量式生产。四是依靠其自主研发的 ERP 信息系统，在定制家具的流程上，曲美家居形成了即时报价、自动拆单与智能生产的信息化管理体系。这实现了定制家具产品的柔性化生产和成品家具多个生产环节的自动化、半自动化生产与智能排产。

（二）绿色创新战略驱动产品供给侧结构性改革

曲美家居推出了众多外观新颖、品质出众、资源节约的家具产品，诠释了"曲美原创设计"的品牌美誉度和品牌承诺。这归结于其充分将人类工效学与延长使用寿命、可重复利用等现代环境理念相融合进行产品设计。曲美家居在产品工艺设计上升级 3D 弯曲技术，力求减少不必要工序和步骤，同时开展面对老年消费者的家居产品研发工作。在绿色

发展方面，基本实现了产品绿色设计、原材料绿色采购、生产绿色制造、渠道绿色分销和配送绿色物流的成效。此外，还预计实施"设备余热回收""太阳能发电"等绿色节能项目，推动绿色低碳发展。

（三）打造具有行业特色的新型信息消费体验中心

曲美家居利用数字智慧门店的理念，打造信息消费体验中心，并以用户为中心、以大数据为支持、以场景为入口，为消费者提供全品类家居产品矩阵，打造具有行业特色的新型信息消费体验中心。此外，曲美家居计划将其在全国主要经销门店推广，以促进业绩提升、模式创新、产业合作、客户服务。既能更好服务消费者，又能为科学管理提供更多决策依据，全面提升营销服务质量。

三、启示与借鉴

（一）加强家具行业的智能制造升级

曲美家居借助智能制造、转型升级，较之以往，在关键工序数控化率、人均劳动生产率与能源利用率上分别提升至85%、50%与5%以上，运营成本、产品研制周期与产品不良率分别降低10%、20%与30%。当前，我国家具行业大而不强，存在着产品研发设计、原材料供应与加工、生产制造等方面自主创新能力不强、质量效益水平不高、两化融合深度不够等现象。未来，借助智能化生产的形式，降低直接人工成本、实现定制家具产品的柔性化生产、改善公司盈利能力，是家具制造行业的核心竞争力之一。

（二）创造更贴近消费者的零售模式

智慧门店能发挥线下门店和线上渠道之间的运营优势。曲美家居利用数字智慧门店的理念，打造信息消费体验中心，为消费者提供更为直观、丰富的产品认知体验和购买渠道。作为贴近生活的终端消费品行业，家居行业的消费模式应该更加宜人和跟进潮流。家居企业要加大相关新零售模式的创新，增强消费者购物体验愉悦度，拉动消费端家具行业的市场需求。

第二节 中粮集团有限公司

一、企业概况

中粮集团有限公司（以下简称"中粮集团"）是中央直属大型国有企业，中国农粮行业领军者，旨在打造具有国际竞争力的世界一流粮油企业。中粮集团以农粮为核心主业，聚焦粮油糖棉肉乳等品类，同时涉及食品、金融、地产领域。2021年，中粮集团充分发挥全球布局、全产业链优势，积极主动谋划，抢抓市场机遇，推动业务转型，提升发展质效。全年中粮集团在粮食内贸量及进口量、油脂业务经营量及利润率、稻谷和玉米加工量、食糖和棉花经营量、生猪养殖成本等指标上均领先行业。2021年，中粮集团营业收入超6600亿元，利润总额超230亿元，经营业绩连续三年超同期、超历史、超预期；每月累计营收和利润均为历史同期最高水平，主要指标位居央企前列，营收和利润总额均居国际粮商第二位。

二、发展战略

中粮集团依靠做强核心主业、推进品牌建设、科技创新转型等方式，成为中国农粮行业的领军者，竞争优势鲜明。

（一）做强粮油糖棉肉乳等核心主业

中粮集团一向以事关国人餐桌的粮油糖棉肉乳作为核心主业。这既是民生保障、国企责任之所在，也是做强做大核心业务、高质量发展的关键。数据显示，2021年中粮集团的国内农粮业务经营量突破1亿吨，比2019年和2020年分别增长36%、32%。食品销量超1500万吨，同比增长11%；生猪出栏规模同比增长67%。此外玉米、小麦、棉花、食糖贸易规模增幅明显。另一方面，中粮集团不断加大在粮食贸易、油脂加工、稻麦加工、食糖加工、肉食养殖等核心主业上的投资。2021年，中粮集团的核心主业投资占比达65%，创下新高。基于主业的不断做强，中粮集团在高质量完成抗疫保供、扶贫攻坚等任务的同时，还同

步实现了经营业绩的连续性、历史性突破，发挥出中央企业稳定器、压舱石作用。

（二）稳步推进品牌建设

中粮集团的品牌建设能力在央企 TOP30 排行榜中位列第 5 名，入围世界品牌实验室发布的"世界品牌 500 强"榜单，排名第 196 位，是中国唯一入选的粮油食品品牌。这一切有赖于中粮集团对品牌建设的稳步推进，包括建立品牌工作领导小组及工作机制、品牌工作支持体系，持续推进"中粮"母品牌建设；依托"品牌强国工程"传播平台，开展跨品类宣传。现在，中粮集团已打造福临门米面油、长城葡萄酒、中茶、酒鬼酒、家佳康肉食、悦活水等六大重点品牌形象，并相继推出"营养家油""家香味油""自然香米""老家面馆挂面""亚麻籽猪""峨眉山水"等中高端产品，带动产品结构升级和市场影响力提升。

（三）科技创新助力转型升级

中粮集团以科技创新为重，赋能自身产品和品牌。同时，加强在科学配比、膳食均衡、品质调控等方面的研发，引领健康的饮食消费习惯。先后牵头国家重点研发计划项目六项、参与三十余项，拥有专利总量超过三千件，并主持制定国际、国家或行业技术等相关标准达二百多项。2021 年荣获三项国家科学技术进步二等奖，"提高玉米浸泡效果的复合菌剂及其应用"荣获第 22 届中国专利金奖，主导发布馥郁香型白酒国标和亚麻籽猪团标，显著提升酒鬼酒和家佳康肉食的核心价值。在数字化方面，提升数字化营销、数字化供应链以及数字化治理三方面能力，建设大数据中心，发展数字化工厂。

三、启示与借鉴

（一）农粮企业聚焦主业运营，既是责任的体现，也是高质量发展的必然要求。

中粮集团在粮油糖棉肉乳等核心主业持续加大投资，重整优化相关资产，进一步做大做强主业。既在全球范围内打造"从田间到餐桌"的全产业链控制力和影响力，也很好地满足了国家对头部央企履行社会公共责任的要求。面向百年未有之大变局，农粮行业应聚焦确保主营业务的安全、稳定发展，在变化莫测的国际局势中，发挥好民生保障等重要功能。

（二）加强品牌建设

中粮集团依靠科技创新和机制构建，以主业品牌为核心，实施多品牌战略，打造了一系列国人信赖的品牌。当前，国内外市场激烈竞争、消费者需求不断升级，消费者对粮油食品的消费也呈现出新的变化。农粮企业不仅需要硬实力的修炼与提升，也需要进一步建设品牌软实力，其产品才能在消费者餐桌上停留更久更稳，让消费者心里放心、吃得安心。

第三节　中国生物制药有限公司

一、企业概况

中国生物制药有限公司（以下简称"中国生物制药"）及附属公司的业务覆盖医药研发平台、智能化生产和销售体系全产业链，是中国领先的创新研究和研发驱动型医药集团。旗下产品包括多种生物药和化学药，在肿瘤、肝病、心脑血管病、骨科、消化系统、抗感染及呼吸系统疾病等多个极具潜力的治疗领域处于优势地位。核心成员企业正大天晴、北京泰德在肝病、肿瘤、呼吸等多个治疗领域处于行业领先地位。目前，中国生物制药员工超 2 万余人，2016 至 2020 年贡献税收超 190 亿元。连续四年荣登美国《制药经理人》发布的"全球制药企业 TOP50"榜单，下属 6 家成员企业均位列 2020 年医药工业百强榜。

二、发展战略

中国生物制药秉承创新驱动、质量为王、绿色发展等理念，打造出一系列重要产品，塑造了在生物制药领域突出的优势。

（一）创新驱动，科技创造价值

中国生物制药所取得的优异成绩与其"科技创造价值"理念密不可分。其研发投入连续多年达到甚至超过总收入 10%～12%，远超国内同行。研究中心数量多、质量高，并建成数十个研究平台和成熟研发技术平台。目前已经在北京、南京、连云港、青岛、上海设有多个研究中心，总建筑面积超过 15 万平方米，高水平研发人员 2000 余人。产品创新能力行业领先，如国内首仿的乳腺癌治疗药物"氟维司群"在中美欧三地实现上市，福沙匹坦也实现了中美欧"三报三批"等。成员企业北京泰德，在 2018 年被中国医药工业研究总院评为"2018 年中国创新力医药企业"；成员企业江苏正大天晴在 2016 年、2017 年和 2018 年连续三次被中国医药工业信息中心评为"中国医药研发产品线最佳工业企业"（排名前三）。

（二）质量为王，夯实国际竞争基础

药品质量是企业生命，必保万无一失。中国生物制药不断强化公司治理责任，提升药品全生命周期质量管控能力和水平，夯实竞争基础，为全球患者提供高端优质产品。成员企业正大天晴多条生产线已通过欧盟 cGMP 及美国 FDA 认证，注射用福沙匹坦二甲葡胺在美国获批，氟维司群与福沙匹坦现已扩展合作及申报至全球 50 余国。同时，成员企业北京泰德连续多年获评"全国质量标杆企业"，并顺利通过 ISO9001 质量管理体系认证；其不断加强在海外产品出口力度，在研产品实现国内外双报双批，明星产品"凯纷"已在日本销售。

（三）投资未来，积极拥抱绿色发展

2020 年年底，中国生物制药与科兴中维签订协议，出资助力科兴中维新冠疫苗扩产放量，加速满足各方采购需求。2021 年，中国生物制药在北京经开区注册成立"北京正大创新医药有限公司（X-LAB）"，力争几年内再造一个千亿级体量企业。在 2022 年，中国生物制药将稳步推动 X-LAB 起步实施，2023 年前将对 X-LAB 投入至少 2 亿美元。此外，中国生物制药从高耗能设备迭代、新环保技术引进、新能源设备安装等角度，打造"绿色工厂"。2021 年，集团环境保护投入共计达 9350

余万元，较 2020 年同比增长近 5%，集团每百万元营收温室气体排放量为 11.52 吨二氧化碳当量，处于同行业优秀水平。

三、启示与借鉴

（一）更加注重科学创新，加大研发投入

中国生物制药秉承"科技创造价值"理念，如在肿瘤创新药方面，在研项目丰富、热门靶点布局广泛、研发成果不断涌现。一般而言，医药行业具有高投入、高风险、高回报的特性，只有加大研究投入才能实现企业的进一步发展。举例来说，加大投资力度、丰富研发管线可以分散研发风险，保证企业新产品稳定的临床与上市进度。生物医药行业应该更加重视科技创新的力量，在研发资金、企业文化、成果激励等方面构建支撑研究工作开展的有效体系。

（二）绿色理念助力持续发展

中国生物制药将"绿色发展"融入企业基因，建立健全内部环境管理体系，持续贯彻"绿色工厂"理念。一般而言，制药行业具有对外部环境造成影响的潜在风险，要注重在企业发展中贯彻绿色理念。这样，不仅能在越趋严格的"双碳"目标约束及生态文明建设中赢得先机，也有利于自身技术水平的进一步提高和对相关人才的吸引。

第四节　新能源科技有限公司

一、企业概况

新能源科技有限公司（以下简称"新能源科技"）主要从事锂离子电池的研发、设计、生产及销售，产品知名度享誉全球。公司在电池原料、电芯、封装和系统整合等技术方面居于行业领先。新能源科技的电池产品被广泛应用于智能手机、平板电脑、手提电脑、无人机、电子游戏机、移动电源、可穿戴电子产品、虚拟与增强现实产品、电动平衡车、电动工具、园林工具以及电动自行车等领域。

二、发展战略

新能源科技在技术创新、产品灵活定制、需求快速响应、多元化开发、产能全方位保障上具有突出优势，塑造了其在锂电行业内的强大竞争力。

（一）强调技术领先

新能源科技研发投入巨大，人才优势突出，在电池材料、结构、工艺、充电方法、系统设计等方面具备突出的技术领先优势。为了将锂离子电池技术提升到极致，其横跨电化学、有机化学、物理化学、模拟计算、量子化学、机械设计等多个学科领域构建了完善的研发体系。据其官网显示，现拥有约1200位科学家和技术研发人员，其中博士66名，硕士近440名。新能源科技研究院是公司在材料研发、测试验证等技术研发上的集中承载体，包括先进材料合成实验室、过程控制实验室、电池仿真模拟实验中心、中央实验室等近20个独立实验室。新能源科技现已申请2000多项专利，其中授权专利超1200余项，专利授权数及申请数均处于国内外同行业的领先水平。

（二）满足客户的灵活定制，构建快速响应机制

新能源科技自成立之初就以优化、定制式电池设计为主要特色，根据客户需求引领市场，开发适应多种类型消费电子产品所需要的电芯。为设计符合客户需求的产品，新能源科技结合产品性能、能量密度、循环寿命的要求，与成本、材料、结构、供应链、模拟、验证、制造工艺、质量、设备等众多因素，不断优化升级解决方案。此外，新能源科技建立极速响应客户紧急、多变需求的机制。一旦项目成立，销售经理将负责协调客户商务需求，确定交易条款、价格、订单数量以及预测需求时间等。项目经理则负责聆听客户技术要求、制定产品方案、协调内部资源，在极短周期内为客户量身打造样品。常规情况下，新能源科技可实现3周甚至更短打样周期。从需求确认、设计确定，到样品制作、测试验证的整个产品开发管理流程流畅严谨，推动电芯产品的大量生产。

（三）多元化的产品开发、全方位的产能保障

新能源科技的锂电产品家族既包括高能量密度、高功率的电池，又包括快充、异形电池等。在高能量密度、高功率电池方面，新能源科技研发团队促成高比能电池新体系和定制化设计在各平台上的完美结合，生产高品质电池。在快充电池方面，新能源科技研发的 5C 超级快充电池可在 10 分钟内充满 80% 电量，充电速度是市场上常规电池的 7 倍，是市场上 1.5C 快充电池的 3.3 倍。除了充电速度快，新能源科技 5C 超级快充电池具有高达 800 次的循环使用寿命和卓越的安全性能。此外，面对外形渐无定规的新一代产品，新能源科技的异形锂离子电池已凭借其超强技术优势征服智能电子设备产业。除了电池，新能源科技还提供电池包的设计、制造、测试、认证、销售、服务等一站式解决方案。在产能方面，新能源科技智能制造生产线兼顾高自动化和柔性生产，在快速响应客户海量订单的同时，保证卓越的产品质量。新能源科技在新品开发、样品试产、大量生产、质量控制等各环节拥有自主创新的先进化工艺与智能化设备。根据相关数据，公司具有极具竞争力的单月产能，可一次性接纳上千万个电池生产订单，塑造新能源科技为客户解决巨大、迫切的订单需求的超级能力。

三、启示与借鉴

（一）依托科技创新推动储能事业发展

新能源科技是全球闻名的锂离子电池生产者和创新者，在电池材料、结构、工艺、充电方法、系统设计等方面具备突出的技术领先优势。面对全球消费类电子、新能源汽车及储能快速发展的新趋势，以及企业自身科技创新发展的新阶段，电池产业相关企业要依托科技创新推动事业发展。只有这样才能在市场中获得相当的竞争力，从而进一步提高产品的市场占有率和附加值，推动自身可持续发展。

（二）全方面了解客户需求，建立更加积极的响应机制

新能源科技自成立之初的主要特色就是定制式的电池设计及快速响应机制。当前，随着电池产业的持续火爆，全球电池产业在未来一段

时间内面临着上游材料供应潜在过剩的隐忧，如果不能构建起对客户需求全方面了解及快速响应的机制，相关企业就很容易在激烈的市场竞争中被大浪淘沙。

第五节　云南白药集团股份有限公司

一、企业概况

云南白药集团股份有限公司（以下简称"云南白药"）前身为云南白药厂，后经 1993 年改制正式成立。经过将近 30 年的发展，现已成为化学原料药、化学药制剂、中成药、中药材、生物制品等领域的强有力竞争者，产品不仅在国内及东南亚畅销，并逐渐进入欧美市场。2019 年，云南白药集团荣获由中国医药保健品进出口商会颁发的"中国中成药行业企业出口十强"称号。2021 年，公司实现营业收入 363.74 亿元，较上年同期的 327.43 亿元净增 36.31 亿元，增幅 11.09%。

二、发展战略

云南白药集团牢牢稳住基本盘，同时加大新兴业务布局、跨区域战略协同、人力汇聚及激励力度，塑造了业内强大的竞争力。

（一）不断巩固既有优势，同时绘制新业务发力第二曲线

在主营业务方面，云南白药的药品事业部将药品运营中心视为核心，辅以发展器械运营中心、新渠道运营中心，打造各具特色的竞争优势与行业影响力。健康品事业部专注功能性个人护理产品新消费领域，既保持口腔护理产品族群，又扩展头皮护理和美肤产品族群。中药资源事业部挖掘、培育、开发和利用区域中药材产业资源，通过数字化、专业化、品牌化打造持续领先的中药资源产业平台。在新业务板块，发展增量发力第二曲线。2021 年，公司在医学美容、口腔护理和新零售健康服务、皮肤科学等领域布局，并收获初步效果。医学美容赛道，积极推进医美产业链的生态布局；口腔护理赛道，推出云南白药口腔含漱液、云南白药智护冲牙器等多款全新产品；新零售健康服务赛道，"白药生

活+业务"板块初步完成线上线下用户运营体系和内容体系搭建。

（二）跨区域战略布局，形成联动协作机制

云南白药集团上海有限公司打造一体化平台，布局创新体系，培育新兴业务，建立多学科研发中心，从而将自身打造成云南白药国际化拓展的项目策源地、发展动力源，助推公司参与全球医药行业竞争。北京大学—云南白药国际医学研究中心作为公司探索校企合作研发创新模式的平台，致力于打造双方在肿瘤学、创伤骨科、药学、口腔医学、医学美容等领域的合作。同时，充分发挥和共享双方的市场优势、人才优势和技术优势，实现成果转化、交叉融合和创新发展。云南白药集团（海南）有限公司作为云南白药面向全球高效整合优质资源的理想窗口，有效桥接公司国内外产业布局，通过发展国际贸易业务、金融业务、工业大麻业务等，搭建国际运营平台。

（三）人才汇聚及激励战略

现代生物医药科技企业的竞争，实质是人才的竞争和创新能力的竞争。云南白药充分重视管理团队在资源配置，技术团队在产品附加价值，劳动群体在产品制造方面起到的积极作用。云南白药自上而下引进多名重磅人才，聚识汇智，组建了从经营管理、研发，到新业务孵化、商务拓展、客户运营组等方向的专业团队。打造以朱兆云院士为代表的云南白药人才团队，保证了白药产品与服务的独特性与竞争优势。2021年，云南白药进行了岗位职业书优化及双通道建设，构建统一的职业树及职级体系。通过设计"Y型"职业发展通道，激发了内部活力，从而实现绩效改进。

（四）数字化赋能

云南白药致力于打造数字化驱动力，以客户为中心积极谋求数字化转型。在数字化新技术的运用、企业管理数字化的演变、基于数据的智能决策系统的构建上，都充分聚焦且效果显著。2021年，云南白药已开始通过整合集团职能部门和业务部门的数据，搭建涵盖整个生命周期的全方位大健康综合服务，实现了精准化服务和精准化营销的闭环。在

数字化平台方面，云南白药自主创新研发云南白药慢病管理平台、骨伤科大数据人工智能应用平台、5G 智慧中医云平台、云药质量追溯平台、数字三七产业平台、口腔护理综合解决方案平台，构建了丰富的平台体系。

三、启示与借鉴

（一）充分注重并发挥数字化平台的作用

云南白药注重搭建数字化平台，如其自主搭建的"云药质量追溯平台"，建立从源头种植到终端消费的中药材可追溯体系，并以"豹七"三七种植生产流程为标准，实现云南白药内外部三七种植销售各环节进行全过程闭环溯源。我国医药行业应更加注重数字化平台在科技创新、产品全生命周期溯源、病情管理、智慧医疗等方面的独特作用，推进医药领域数字化进程。

（二）加强人才汇聚

人力资本一直是驱动云南白药发展的关键要素。以优秀人才团队为基础，以持续创新投入为动力，构建强大的自主研发能力和全球资源整合能力，是云南白药在新时期持续发展的关键。医药行业是一个智力密集型产业，相关企业要对标国外先进水平，注重人才的引进、培养，构建起人才愿意来、待得住、有创造的良好环境，助力高端医药产品的开发。

政　策　篇

第十章

2021年中国消费品工业重点政策解析

第一节 《"十四五"医药工业发展规划》

一、政策内容

2022年1月30日，工业和信息化部联合国家发展和改革委员会、科学技术部、商务部、国家卫生健康委员会、应急管理部、国家医疗保障局、国家药品监督管理局、国家中医药管理局共同发布《"十四五"医药工业发展规划》(以下简称"《规划》")。《规划》坚持以习近平新时代中国特色社会主义思想为指导，深入贯彻党的十九大和十九届历次全会精神，立足新发展阶段，贯彻新发展理念，构建新发展格局，落实制造强国战略，全面推进健康中国建设，以推动高质量发展为主题，以深化供给侧结构性改革为主线，统筹发展和安全，全面提高医药产业链现代化水平，实现供应链稳定可控，加快创新驱动发展转型，培育新发展新动能，推动产业高端化、智能化和绿色化，构筑国际竞争新优势，健全医药供应保障体系，更好满足人民群众多元化、多层次的健康需求。

《规划》按照生命至上、创新引领、系统推进、开放合作的基本原则，提出了未来5年的发展目标和15年远景目标。到2025年，主要经济指标实现中高速增长，前沿领域创新成果突出，创新动力增强，产业链现代化水平明显提升，药械供应保障体系进一步健全，国际化水平全面提高。到2035年，医药工业实力将实现整体跃升；创新驱动发展格局全面形成，产业结构升级，产品种类更多、质量更优，实现更高水平

满足人民群众健康需求，为全面建成健康中国提供坚实保障。

《规划》围绕发展目标，提出了"十四五"期间要落实加快产品创新和产业化技术突破、提升产业链稳定性和竞争力、增强供应保障能力、推动医药制造能力系统升级和创造国际竞争新优势等五项重点任务，并结合技术发展趋势，以专栏形式提出了医药创新产品产业化工程、医药产业化技术攻关工程、疫苗和短缺药品供应保障工程、产品质量升级工程、医药工业绿色低碳工程等五大工程。

为强化贯彻实施，《规划》提出了加强政策协同和规划实施、提升财政金融支持水平、规范市场竞争秩序、加强人才队伍建设等四项保障措施。

二、政策影响

"十四五"时期，医药工业发展的内外部环境面临复杂而深刻的变化。《规划》的出台将全面推进健康中国建设，推动医药行业形成以国内大循环为主体、国际国内双循环相互促进的新发展格局，推动我国医药工业向创新驱动转型，促进国内医药市场进入高质量发展阶段。

《规划》的出台对我国医药工业的发展具有深远影响。

一是促进整体发展水平跨上新台阶。《规划》的行业规模目标为：营业收入、利润总额年均增速保持在8%以上，增加值占全部工业的比重提高到5%左右；行业龙头企业集中度进一步提高。这将促进行业整体跨上新台阶。

二是促进创新驱动行业发展。《规划》进一步强调坚持创新引领的基本原则。这将促使我国医药工业要坚持创新引领，把创新作为推动医药工业高质量发展的核心任务，加快实施创新驱动发展战略，构建开放创新生态，提高创新质量和效率，加快创新成果产业化。

三是促使供应保障能力持续增强。《规划》强调坚持生命至上的基本原则。目前我国应对重大公共卫生事件的能力需要增强，企业开发罕见病药、儿童药积极性低，小品种药仍存在供应风险。"十四五"将保障人民群众健康作为根本目标，优化供给结构，提高供给质量，完善供应保障体系，提升药品可及性，可促使行业发展成果更好服务健康中国建设、更多惠及全体人民群众。

四是促使国际化发展全面提速。《规划》强调坚持开放合作的基本原则,将会促使行业立足国内市场规模优势,充分吸引全球资源要素集聚,大力开拓全球市场,以更高水平参与国际产业分工协作,实现高质量引进来和高水平走出去。

第二节 《关于完整准确全面贯彻新发展理念做好碳达峰碳中和工作的意见》

一、政策内容

2021年9月22日,中共中央、国务院发布《关于完整准确全面贯彻新发展理念做好碳达峰碳中和工作的意见》(下称"《意见》")。

《意见》提出了构建绿色低碳循环发展经济体系、提升能源利用效率、提高非化石能源消费比重、降低二氧化碳排放水平、提升生态系统碳汇能力等五个方面主要目标。这一系列目标,立足于我国发展阶段和国情实际,标志着我国将完成碳排放强度全球最大降幅,用历史上最短的时间从碳排放峰值实现碳中和,体现了最大的雄心力度,需要付出艰苦卓绝的努力。

《意见》坚持系统观念,提出10方面31项重点任务,明确了碳达峰碳中和工作的路线图、施工图。同时还提出了十项举措:一是推进经济社会发展全面绿色转型,强化绿色低碳发展规划引领,优化绿色低碳发展区域布局,加快形成绿色生产生活方式。二是深度调整产业结构,加快推进农业、工业、服务业绿色低碳转型,坚决遏制高耗能高排放项目盲目发展,大力发展绿色低碳产业。三是加快构建清洁低碳安全高效能源体系,强化能源消费强度和总量双控,大幅提升能源利用效率,严格控制化石能源消费,积极发展非化石能源,深化能源体制机制改革。四是加快推进低碳交通运输体系建设,优化交通运输结构,推广节能低碳型交通工具,积极引导低碳出行。五是提升城乡建设绿色低碳发展质量,推进城乡建设和管理模式低碳转型,大力发展节能低碳建筑,加快优化建筑用能结构。六是加强绿色低碳重大科技攻关和推广应用,强化基础研究和前沿技术布局,加快先进适用技术研发和推广。七是持续巩

固提升碳汇能力，巩固生态系统碳汇能力，提升生态系统碳汇增量。八是提高对外开放绿色低碳发展水平，加快建立绿色贸易体系，推进绿色"一带一路"建设，加强国际交流与合作。九是健全法律法规标准和统计监测体系，完善标准计量体系，提升统计监测能力。十是完善投资、金融、财税、价格等政策体系，推进碳排放权交易、用能权交易等市场化机制建设。

二、政策影响

《意见》在碳达峰碳中和"1+N"政策体系中发挥了重要的作用。"1+N"政策体系是指总体方案和分领域分行业碳达峰实施方案，以及科技支撑、能源保障、碳汇能力、财政金融价格政策、标准计量体系，督察考核等保障方案。"1+N"政策体系共同建立起目标明确、分工合理、措施有力、衔接有序的碳达峰碳中和政策体系。

《意见》使全行业深刻意识到做好碳达峰碳中和工作的重大意义。首先，做好碳达峰碳中和的工作是推动高质量发展的必然要求。其次，做好碳达峰碳中和工作是加强生态文明建设的战略举措。再次，做好碳达峰碳中和工作是维护能源安全的重要保障。最后，做好碳达峰碳中和工作是推动构建人类命运共同体的大国担当。

第三节 《"十四五"国家老龄事业发展和养老服务体系规划》

一、政策内容

2021年12月30日，国务院办公厅印发《"十四五"国家老龄事业发展和养老服务体系规划》（以下简称《规划》）。《规划》围绕推动老龄事业和产业协同发展、推动养老服务体系高质量发展，明确了"十四五"时期的总体要求、主要目标和工作任务。

《规划》指出，在党和国家重大规划和政策意见引领下，我国老龄事业发展和养老服务体系建设取得一系列新成就。人口老龄化是人类社会发展的客观趋势，我国具备坚实的物质基础、充足的人力资本、历

悠久的孝道文化，完全有条件、有能力、有信心解决好这一重大课题。同时也要看到，我国老年人口规模大，老龄化速度快，老年人需求结构正在从生存型向发展型转变，建设老龄事业和养老服务体系的重要性和紧迫性日益凸显，任务更加艰巨繁重。

《规划》强调，以习近平新时代中国特色社会主义思想为指导，坚持党委领导、政府主导、社会参与、全民行动，实施积极应对人口老龄化国家战略，以加快完善社会保障、养老服务、健康支撑体系为重点，把积极老龄观、健康老龄化理念融入经济社会发展全过程，尽力而为、量力而行，深化改革、综合施策，加大制度创新、政策供给、财政投入力度，在老有所养、老有所医、老有所为、老有所学、老有所乐上不断取得新进展，让老年人共享改革发展成果、安享幸福晚年。

《规划》提出了"十四五"时期的发展目标，即养老服务供给不断扩大，老年健康支撑体系更加健全，为老服务多业态创新融合发展，要素保障能力持续增强，社会环境更加适老宜居；并明确了养老服务床位总量、养老机构护理型床位占比等9个主要指标，推动全社会积极应对人口老龄化格局初步形成，老年人获得感、幸福感、安全感显著提升。

《规划》部署了9方面具体工作任务，包括织牢社会保障和兜底性养老服务网，扩大普惠型养老服务覆盖面，强化居家社区养老服务能力，完善老年健康支撑体系，大力发展银发经济，践行积极老龄观，营造老年友好型社会环境，增强发展要素支撑体系，维护老年人合法权益。同时，《规划》设置了公办养老机构提升行动、医养结合能力提升专项行动、智慧助老行动、人才队伍建设行动等专栏，推动重大战略部署落实落地落细。

《规划》要求，充分发挥党总揽全局、协调各方的领导核心作用，完善法治保障，强化组织协调，落实评估考核，为规划实施提供坚强保障。县级以上地方政府要按照本规划要求，结合实际情况，细化相关指标，推进任务落实，确保责任到位、工作到位、投入到位、见到实效。

二、政策影响

《规划》的出台将大大促进我国养老相关产业的快速发展，主要体现在以下几点。一是社会保障体系将会更加完善。在《规划》的引导作

用下，基本社会保险将进一步扩大覆盖范围，商业养老保险、商业健康保险快速发展。二是养老服务供应保障能力将会进一步提升。在《规划》政策影响下，未来的养老服务将会覆盖家庭、社区、医院、康养机构，形成协调结合的养老服务体系，在养老服务供应方式方面也将更加全面，会出现更加普惠、更加多样的养老服务模式。三是促进老年人社会融入度的提高。《规划》的出台将促进老年人更多地参与教育、体育娱乐、康养旅游等活动，促进老人与社会的交流，提高老年人对于社会的适应性。四是进一步带动银发经济的发展。随着老年用品制造业和服务业的快速发展，将带来行业的转型升级，银发经济产业规模和科技水平将会不断提升。

第四节 《"十四五"国家应急体系规划》

一、政策内容

为全面贯彻落实习近平总书记关于应急管理工作的一系列重要指示和党中央、国务院决策部署，扎实做好安全生产、防灾减灾救灾等工作，积极推进应急管理体系和能力现代化，国务院于2022年2月14日，印发了《"十四五"国家应急体系规划》（以下简称"《规划》"）。

《规划》突出旗帜鲜明的政治主题、突出改革创新的核心位置、突出协调发展的大局视野，聚焦目标研判、聚焦化解风险、聚焦基础建设，凝练提出"十四五"时期安全生产、防灾减灾救灾等应急管理工作的总体思路、目标指标、重点任务和重大战略举措。

《规划》在总体思路上，秉持一个理念，坚守一个主题，贯穿一条主线。以"人民至上、生命至上"为理念。《规划》坚持以人为本的原则，坚持以人民为中心的发展思想，始终做到发展为了人民、发展依靠人民、发展成果由人民共享，始终把保护人民生命财产安全和身体健康放在第一位，全面提升国民安全素质、应急意识，促进人与自然和谐共生。

《规划》以"推动高质量发展"为主题，坚持预防为主的原则，健全风险防范化解机制，做到关口前移、重心下移，加强源头管控，夯实

安全基础，强化灾害事故风险评估、隐患排查、监测预警，综合运用人防物防技防等手段，真正把问题解决在萌芽之时、成灾之前。

《规划》以"防范化解重大安全风险"为主线，从六个方面推进应急管理体系和能力现代化建设，一是构建权威高效、规范有序、信息畅达、专业支撑、执行有力的现代化应急指挥体系，二是从风险辨识、评估、监测、管控等全过程建立现代化风险防范化解机制，三是建立具有多层级、多主体、专业化、机动性等特征的专常兼备、反应灵敏、作风过硬、本领高强的现代化应急救援力量，四是构建统一管理、科学储备、快速精准、全程监控、节约高效的现代化应急物资保障体系，五是从理论研究、学科建设、科技研发、检测检验和教育培养、技能培训、人才管理、专家队伍建设等多项工作建设现代化科技支撑和人才保障体系，六是运用法治思维与法治方式构建具有系统完备、科学规范、动态更新等特征的现代化应急管理法治体系。

二、政策影响

《规划》的出台将促进救灾理念的变化，实现从注重灾后救助向注重灾前预防转变，从减少灾害损失向减轻灾害风险转变。主要影响有如下两点：

一是将促使有关部门系统部署防范化解各类重大自然灾害风险。《规划》将防范化解重特大自然灾害风险作为应急管理工作核心任务，充分认识灾害事故的分布规律和致灾机理，既要警惕"黑天鹅"，也要防范"灰犀牛"。《规划》明确，探索建立自然灾害红线约束机制，加强超大特大城市治理中的风险防控，严格控制区域风险等级及风险容量，编制自然灾害风险和防治区划图。优化自然灾害监测站网布局，完善应急卫星观测星座，构建空、天、地、海一体化全域覆盖的灾害事故监测预警网络。提升自然灾害防御工程标准和重点基础设施设防标准，提高重大设施设防水平。

二是将促进应急反应机制提质增效。首先，《规划》的出台将促进立体救援体系的建立，形成应急反应灵敏、功能结构合理、力量规模适度、各方积极参与的应急救援体系。其次，《规划》的出台有利于形成上下联动的高效应急物资保障机制，中央层面的保障体系将能够满

足应对特别重大灾害事故的应急物资保障峰值需求，地方层面的保障体系也能满足启动本行政区域Ⅱ级应急响应的应急物资保障需求。最后，《规划》的出台有利于构建综合交通应急运输网络，进一步提高灾害事故发生后的紧急运输能力。

展望篇

第十一章

主要研究机构预测性观点综述

第一节 消费品

2021年消费品市场分析及2022年展望（中华全国商业信息中心）

2021年，我国经济在多重因素的压力下展现出较强的恢复韧性和内生动力，产业链得到巩固提升，进出口实现快速增长，各地区各部门扎实做好"六稳""六保"工作，物价水平总体平稳可控。在扩内需、促消费政策措施的推动下，在就业稳定、居民收入保持增长的支撑下，我国消费支出成为拉动经济增长的主动力。消费品市场呈现以下八大趋势变化。

第一，消费品市场总体呈现恢复增长态势。2021年，社会消费品零售总额44.1万亿元，同比名义增长12.5%，两年平均增长3.9%。扣除价格因素，社会消费品零售总额实际增长10.7%。从两年平均增速来看，一至四季度两年平均增速分别为4.2%、4.6%、3%和4%，消费品市场保持平稳的增长态势。

第二，实物商品网上零售额占比回落。随着防控措施更加科学有效，消费者对线上渠道的依赖程度有所降低，加之高基数效应，2021年我国实物商品网上零售额10.8万亿元，同比增长12.0%，增速较上年减少2.8个百分点，占社会消费品零售总额的比重为24.5%，占比较上年下降0.4个百分点。

第三，线下实体店消费品零售额实现较快增长。2021年，在客流恢复和低基数效应的推动下，线下实体店消费品零售额同比大幅增长12.7%。其中，前3月增速较高，4—7月份在同期低基数效应减弱的情况下，增速逐渐放缓。8—12月份，尽管有全球新冠肺炎疫情、汛情等负面因素的影响，但总体来看增速比较平稳。

第四，城乡消费品市场协同发展。2021年，随着县域商业体系建设进入新发展阶段，农村商业体系进一步健全，城乡消费在融合发展中实现齐头并进。城镇社会消费品零售总额同比增长12.5%，乡村社会消费品零售总额同比增长12.1%，其中，除1—2月份就地过年因素使得城镇增速较高外，3—12月份乡村市场增速持续快于城镇。

第五，餐饮收入与商品零售均实现两位数增长。2021年，在基本生活消费保持平稳增长，升级类消费快速恢复的推动下，商品零售实现39.4万亿元，同比增长11.8%。

第六，限额以上单位销售实现较快增长。据测算，2021年限额以上单位商品零售额同比增长12.8%，增速快于限额以下单位商品零售额增速1.6个百分点。限额以上单位餐饮收入同比增长23.5%，增速快于限额以下单位餐饮收入6.2个百分点。

第七，全国重点大型零售企业实现正增长。根据中华全国商业信息中心的统计数据，2021年全国重点大型零售企业零售额同比增长9.4%。其中，金银珠宝类零售额同比大幅增长39.8%。据估算，大型零售企业的大部分商品品类的零售额尚未恢复到疫情前水平。

第八，便利店等零售业态实现较快增长。根据国家统计局数据，2021年限额以上零售业态中，超市零售额同比增长6%，增速快于上年2.9个百分点。百货店、专业店、专卖店、便利店在居民消费恢复的推动下，均实现10%以上的较快增长。

当前，我国消费品市场进入新发展阶段，品牌强则国家强，品牌是高质量发展的推动者和具体实践者，在竞争激烈的消费品市场中，海尔、万和、澳柯玛、雅戈尔、九牧王、杉杉、比音勒芬、水孩儿、三枪、铜牛、珍贝、罗莱、蓝月亮、护童、剑南春、福临门、雨润等市场表现优异的品牌，专注所属领域，在科技创新、品质提升、绿色发展等方面创新发展，在过去一年中勇担责任，发挥了领头羊作用，引领了行业的新

发展，赢得了消费者，赢得了市场。展望2022年消费品市场发展环境，将有以下五大发展趋势。

一是国内生产总值增长5.5%左右。政府工作报告提出2022年经济增长目标是5.5%左右。我国经济长期向好的基本面不会改变，国家应对重大风险挑战的经验更加丰富，人民追求美好生活的愿望更加强烈，共克时艰的意志更加坚定。在以习近平同志为核心的党中央坚强领导下，我国经济必将保持稳定发展，经济运行将维持在合理区间。

二是固定资产投资保持平稳增长。2022年，政府工作报告提出，要用好政府投资资金，带动扩大有效投资。在稳字当头、稳中求进的经济工作目标下，投资依然将对2022年经济增长起到有力的支撑作用。我国积极的财政政策将更加注重提升效能，固定资产投资仍将保持平稳增长，确保经济的平稳运行。

三是进出口继续实现平稳较快增长。2022年，政府工作报告提出"进出口保稳提质，国际收支基本平衡"的外贸目标。在多措并举稳定外贸、优化提升外资利用水平、高质量推进"一带一路"建设、深化多双边经贸合作的推动下，我国将持续扩大高水平对外开放，不断拓展对外经贸合作，以高水平开放促进深层次改革、推动高质量发展。

四是社会消费品零售总额增长6%左右。2022年，政府工作报指出，我国将坚定实施扩大内需战略，畅通国民经济循环，打通从生产到消费各环节，增强内需对经济增长的拉动力。我国消费品市场将在立足新发展阶段、贯彻新发展理念中实现高质量发展，社会消费品零售总额将回归6%左右的稳增长态势。

五是居民消费价格上涨2.5%左右。尽管国际大宗商品价格大幅上涨，全球通胀压力加大，但在党中央、国务院完善和强化农业支持政策，促进农业丰收、农民增收，保障工业生产稳定运行，促进进口渠道丰富多元，加大能源原材料等的保供稳价，加强市场运行调节等政策措施的推动下，我国整体物价水平将平稳可控。预计，2022年我国居民消费价格上涨2.5%左右。

第二节　医药

2022 年医药产业前瞻（赛柏蓝）

2022 年医药产业有以下三大趋势。

一是控费进入深水区。在集采方向上，注射剂挑大梁、中药/生物药是关键。2021 年 10 月 8 日，国务院深化医药改革领导小组发布的《关于深入推广福建省三明市经验 深化医药卫生体制改革的实施意见》（以下简称《意见》）要求，2022 年要采集品种 300 个，前五批已采集了 218 个品种（不纳入第六批胰岛素），因此 2022 年至少还要采集 82 个品种。按前五批平均每批 44 个品种推算，2022 年还要进行两批采集。2021 年有 775 个注射剂过评，其中，过评品种数最多的企业依次是齐鲁制药、石药欧意、正大天晴、四川科伦和扬子江药业等知名大型企业，其在 2021 年过评的注射剂品种数分别为 70 个、56 个、50 个、42 个和 38 个。在医保方向上，地方医保品种逐步剔除。2019 年 9 月 26 日，国家医保局在武汉举办的医药服务管理培训上确定省级增补的医保目录内药品在三年内（2020—2022 年）分别按各省增补数量的 40%、40%、20%进行废止。2022 年是最后一年，所有仍留在地方医保的品种必须全部剔除出医保，相关企业将面临重大挑战。在支付方式上，DRG/DIP 从试点到推开。根据国家医疗保障局发布《关于印发 DRG/DIP 支付方式改革三年行动计划的通知》的要求，到 2024 年年底，全国所有统筹地区要全部有序开展 DRG/DIP 支付方式改革工作。DRG/DIP 支付方式改革到 2024 年年底对统筹地区、医疗机构、病种和医保基金的覆盖率要分别达到 100%、100%、90%和 70%。2022 年是三年计划的开局之年，实施 DRG 后，医院出于自负盈亏的考量，会优先使用性价比高的药品，性价比低的药品将被大幅弱化，手术用药和住院药物的处方将要面临严格控制。在重点监控方向上要进行扩容。2021 年 9 月 3 日，国家卫生健康委发布的《国家重点监控合理用药药品目录调整工作规程》明确表示，重点监控和合理用药目录每 3 年一调整，上一版是 2019 年 7 月发布的，到 2022 年正好满三年，新版除由原来的 20 个品种增加到 30 个

品种外，还划定了遴选范围。纳入的品种主要包括辅助用药、抗肿瘤药物、抗微生物药物、质子泵抑制剂、糖皮质激素和肠外营养药物等。此外，还加大基药调整。2021年11月15日，国家卫生健康委发布《国家基本药物目录管理办法（修订草案）》，要求对含濒危药材、滋补保健、国家重点监控目录、非临床治疗首选等品种都不得纳入目录，新纳入品种的依据是疾病谱变化、药品不良反应监测评价、药品使用监测和临床综合评价以及已上市药品循证医学、药物经济学评价等。2021年12月2日，相关部门又为此在京召开了座谈会，明确增设儿童药品目录，更加突出基药的临床价值，主管部门也正在筛选适应中国国情的指南，作为目录制定的参考。

二是注重创新，与国际接轨。近年来，由于政策鼓励和资本追逐，诞生了一批研发型生物科技公司，大大推动了我国医药产业的转型升级，但研发内卷、赛道拥挤，审评审批政策和证券市场也都提高了门槛，这些企业同时也面临产品商业化的挑战。水大鱼大的同时，行业也正在不断分化。有的成功上市、有的被并购、有的强强联合。中国医药企业管理协会进行了专题研究，发现目前中国的研发生物技术公司总体数量在2000家左右。通过问卷调查，多数观点认为，研发型生物科技公司成功转型生物制药公司的仅占10%。同时通过对美国制药和生物技术资讯机构于2003年评选出的15家最佳生物技术公司进行跟踪研究发现，到2021年，这15家公司中，有9家被并购、1家倒闭，只有5家存续。此外需要国际化眼光。在控费大背景下，不但带量采购大幅降价，医保谈判每次也多被腰斩，而企业要尽快赚回研发成本和出于企业天职的利润最大化考量，不得不将眼界放宽到全球。纵观世界排名靠前的大型药企无一是独守本土市场而不面向全球拓展的，由于体制不同，美国不但是医药市场规模最大的而且也是药品定价最高的，所以许多跨国药企在美国的销售额都占到了公司总销售额的近一半。以2018年为例，礼来、诺和诺德、辉瑞在美国市场的销售额就分别占到了其公司总销售额的57%、49%和47%，即使一向保守的日本药企在美国的销售也占了其公司总销售额的近五分之一，如武田占了18%、卫材（北美）占了17%。

三是中药蓄势待发。2022年重点监控合理用药目录将进行调整，尽管只纳入西药并不涉及中药，但现行的首批重点监控目录在2019年

7月发布时也不涉及中药，后来很多地方版目录还是纳入了中药。如山东、内蒙古和西藏等都分别纳入了 44 个、28 个和 14 个中药品种，福建第二版重点监控合理用药目录纳入了 3 个中药品种，分别是复方丹参滴丸、麝香通心滴丸和脑心通胶囊。所以 2022 年的重点监控合理用药目录调整尽管也不涉及中药，但由于重点监控概念的再次广泛渗透，届时地方版是否仍纳入中药需谨慎关注。此外，自 2009 年我国实施基本药物制度以来，基本药物经历了先快速发展又逐渐回落的过程，由于近年不断出台鼓励政策，基本药物又恢复发展，在临床的使用频度和金额方面都明显上升，如二、三级医院的使用频度占比分别由 2018 年的 38.7%、33.7%提升到了 2020 年第二季度的 56%和 51%，使用金额占比分别由 2018 年的 17.9%、12.6%提升到了 2020 年第二季度的 32%和 26%。基本药物目录已经过 2012 年和 2018 年两次扩容，品种由 2009 版的 102 个，增加到了 2012 版和 2018 版的 203 个和 685 个，中药在基本药物目录总数的占比也由 2009 版的 33%，分别提升到了 2012 版和 2018 版的 39.04%和 39.12%，2022 年基本药物目录又将调整，将有更多中药被纳入，也为振兴中药产业的发展提升一份信心。

第三节　食品

2021 年中国食品安全市场回顾及 2022 年发展趋势预测分析（中商产业研究院）

随着国家政策的大力支持、人均可支配收入提高、人们食品安全意识增强，中国食品安全检测市场快速发展。2016—2021 年我国食品安全检测市场规模稳步增长；数据显示，2019 年我国食品安全检测产业市场规模达 834.9 亿元，2020 年受全球新冠肺炎疫情影响，增速放缓。预计 2022 年我国食品安全检测市场规模可达 1204 亿元，其中食品安全快速检测的投入规模约占食品检测总投入规模的 30%。相关机构数据显示，在 2016 年、2017 年国内食品安全快速检测市场规模分别为 19.68 亿元、29.77 亿元。预计 2017 年到 2022 年的年增长率为 25.24%，到 2022 年国内食品安全快速检测市场预计规模可达 91.75 亿元。截至 2021 年

12月，我国食品行业规模以上企业数量达到8496家。其中，亏损企业数量1574家，亏损面19.96%，亏损面环比降低1.44个百分点。此外，2021年1—12月食品行业亏损总额186.9亿元，累计增长50.6%。根据香港中外城市竞争力研究院等联合发布"2021中国十佳食品安全城市排行榜"显示，2021年中国十佳食品安全城市依次为香港、澳门、佳木斯、南宁、兰州、潍坊、石家庄、许昌、常德、江门。展望2022年，食品安全行业有以下四个发展前景。

一是国家政策的大力支持。食品安全是一门专门探讨在食品全过程中，确保食品卫生及食用安全，防范食物中毒，降低疾病隐患的跨学科领域。近年来，为加强对食品安全的监管及引导食品行业健康发展，国家有关部门陆续颁布了《2021年度食品安全国家标准立项计划》《食品安全标准管理办法（征求意见稿）》《进出口食品安全管理办法（征求意见稿）》等政策，促进了食品行业健康发展。

二是人均可支配收入、食品消费量和农业生产总值的提高。2021年，全国居民人均可支配收入35128元，比上年名义增长9.1%。分城乡看，城镇居民人均可支配收入47412元，增长8.2%；农村居民人均可支配收入18931元，增长10.5%。我国居民人均食品消费支出显著增长，人均可支配收入和食品消费量的提高，将推动食品加工业的发展，增加快检产品的用量，为食品安全快速检测市场发展提供了保障。

三是转变健康理念与增强食品安全意识。转变健康理念和增强食品安全意识为食品安全快速检测行业带来快速发展的契机。一方面，消费者可通过食品安全快速检测高效获取安全放心的食品，提升安全感和幸福感。另一方面，各类食品制造商及经销商为满足市场需求，获取市场竞争优势，将主动加强自身产品检测，进而持续扩大食品安全快速检测企业的客户规模。

四是技术创新带来市场需求。我国食品消费总量高，从食品生产到流通的各环节企业分散，传统法定检测无法实现食品检测全覆盖，因此食品监管工作需要更加数据化、科技化、便携化、集约化的食品安全快速检测装备。随着生物信息、基因芯片、生物传感器法等新技术的研发以及样品前处理技术的进步，进一步提升了食品安全快速检测的检测时间与准确度，凸显快速检测产品的优势，提升需求空间。

第四节　纺织

2022 年纺织行业回归常态化复苏轨道（中国纺联流通分会）

2021 年，在疫苗接种及各国宽松货币政策等因素的助推下，全球经济实现底部复苏。但受到全球新冠肺炎疫情持续演变及市场供需周期错位等因素影响，全球经济恢复呈现"一季度开局疲软、二季度强劲复苏、三季度冲高回落、四季度小幅回升"的波动特点，据国际货币基金组织预计，全年全球 GDP 将实现 5.9% 的增长，两年平均增速仅为 1.3%。接近年末时，始于美国的通货膨胀压力不断向全球蔓延，需求疲弱的态势在疫情反复冲击下难有改善，已经产生了压低 2022 年发展预期的效果。全球商品贸易复苏节奏受到疫情反弹、物流不畅以及关键材料短缺等供给侧风险因素拖累，2021 年四季度世界货物贸易指数进入到低于趋势水平的收缩态势。大宗商品价格持续处于上行区间，2021 年国际货币基金组织大宗商品价格指数达到 162.3，较 2020 年上涨 53.3%。

2021 年，虽然遭遇国内疫情散发及国际市场供需形势复杂等多重压力，我国宏观经济仍实现持续恢复发展，经济增速居全球前列。统计数据显示，2021 年我国国内生产总值（以下简称"GDP"）达 114.4 万亿元，同比增长 8.1%，以 2019 年为基期计算，两年平均增长 5.1%；全国社会消费品零售总额、出口总额（美元值）和固定资产投资完成额（不含农户）同比分别增长 12.5%、29.9% 和 4.9%，两年平均分别增长 3.9%、16% 和 3.9%。其中，社会消费品零售总额两年平均增速虽然尚未恢复至疫情前水平，但最终消费支出对 GDP 的增长贡献率达到 65.4%，居"三驾马车"之首，表明国内大循环的主体作用逐步增强。在国际供应链运转不畅的情况下，我国制造业的体系化优势充分显现，货物贸易出口总额实现快速增长，净出口对 GDP 增长的贡献率达到 20.9%，明显高于疫情前水平。全年，规模以上企业工业增加值和利润总额同比分别增长 9.6% 和 34.3%，两年平均分别增长 5.8% 和 18.2%，表明工业企业生产经营情况均处于平稳改善状态。

展望 2022 年，全球经济有望继续运行在复苏轨道上，我国"稳字当头、稳中求进"七大方面政策部署为国民经济实现"稳增长"目标提供保障，但纺织行业发展面临的外部形势总体仍较 2021 年更为严峻。疫情的演变态势仍将是影响行业运行走势的关键因素，与此同时，通胀已在全球范围内构成挑战，作为应对措施，各国货币政策均趋于收紧，使得全球经济复苏前景愈加不明朗。在此背景下，收入预期不稳、物价高涨削弱实际购买力、储蓄动机增强等均将导致市场需求复苏更趋疲弱。动力不足的市场复苏形势，叠加大宗商品价格高位、国际供应链体系难以完全恢复等因素，将使 2022 年宏观经济形势更趋复杂，不同类型经济主体、产业链不同环节间的复苏分化特征将更加明显。

得益于产业体系优势和需求形势的整体趋好，2021 年我国纺织行业努力克服了疫情散发、原料价格上涨、国际运力不畅等风险冲击，经济运行呈现出稳定复苏态势，主要运行指标均实现反弹回升，疫情导致的产销和效益缺口得以弥补，出口规模创历史新高，但在基数效应减弱主因下，全年运行呈"前高后低"走势。

进入 2022 年，纺织企业已于春节后陆续正常复工，虽然大批量春夏订单还未下达，但企业反馈购销情况好于节前预期，同时也出现了产业链中下游企业开工积极程度弱于上游企业的情况，在一定程度上反映出市场需求相对较弱。预计随着疫情造成的低基数因素消除，2022 年纺织行业经济运行将从 2021 年的恢复性增长阶段回归至常态化复苏轨道，主要经济指标进入中低速增长区间。

第五节　轻工

一、2022 年中国智能家居市场十大趋势（国际数据公司）

2022 年中国智能家居市场有以下十大趋势。

一是智能家居平台生态将向全场景延伸。国际数据公司（以下简称"IDC"）认为，智能家居平台生态的发展将更多融合移动、办公等多个空间场景的布局，构建全场景智能连接，为下一代人机交互和智能设备的演进积累资源。物联网市场的碎片化与差异化一直存在，一方面构建

了百家争鸣的生态结构，为更多企业创造了深耕不同细分领域的发展机遇；另一方面，"端-边-管-云"侧的企业为上层行业应用提供定制化服务的同时，应用侧也在积极寻求互联互通与场景协同，从而向全场景智能过渡。消费者对于智慧化的需求也早已不局限于割裂的单一场景，而是向完整的"智慧生活"过渡，将"用侧"的不同行业串联成一张"智慧网"，从而构建全场景智能连接。换言之，随着移动通信、车联网、远程办公、智能穿戴以及智能家居日趋成熟，办公、家居、移动等不同场景之间的界限也将变得不那么清晰。同时，当智能家居向智慧生活延伸时，业内喋喋不休的"入口"之争也出现了新的答案。随着智能网联车、AR/VR 设备的迭代，加之办公 PC 与智能手机之间的协同更加流畅，汽车、眼镜、智能手表、电脑等都有可能成为全场景智能的入口。

二是智能家居应用生态发展将加快脚步。平台分发能力的进一步提升将促使智能家居应用触达更多用户、精准匹配用户需求，从而促使应用市场发展。提升平台分发能力需要多元拓展渠道，更需要强化情景理解能力。随着企业生态不断扩张，其智能家居平台所囊括的产品品类也更加全面，对于用户而言，所覆盖的智能化场景便更加丰富。

三是进一步强化智能家居交互入口的分布式格局。家庭的分区使市场进一步探索智能家居交互入口的分布式格局，不同空间的个性化需求、交互习惯将得到关注。在 2022 年智能家居中控屏出货量或将达 39 万台，这弥补了智能音箱在部分区域中使用偏少的问题，满足各个空间环境下的交互控制需求。所谓"入口"，是开启智能家居系统的重点节点，尤其是在全屋智能的大趋势下，智能终端数量逐渐增多，人们就愈发觉得需要一个入口来掌控智能设备的状态。但"入口"却在很大程度上绑定了用户的交互习惯。例如，当我们把音箱当作唯一入口时，仅仅是电动窗帘的开、关都需要先唤醒再讲命令词来进行语音控制。所以，面对丰富多样的终端设备，智能家居的交互模式也在向多模态发展，而控制屏无疑是最直观、最易操作的交互入口之一。

四是传感技术发展将推动构建家庭感知网络。发展传感技术将推动家庭 IOT 设备构建更加完整的感知网络，促进智能家居场景下交互方式的无感化升级。预计在 2022 年高达 24%的智能家居设备将具备传感能力，主动获取家居环境信息，预判用户需求。全屋智能将成为智能家居

的终极形态，而所谓全屋智能的理想状态则是通过智能连接实现全场景设备互通，并借助强大的感知系统实现主动智能，为用户提供"润物细无声"的无感交互。

五是智能家居设备从固定性到移动性发展。进步的室内定位技术和智能机械化向消费市场渗透，这将进一步催生家庭移动设备创新。预计在2022年高达3%的智能家居设备将具备自主移动能力。在2021年的中国智能家居市场十大预测中，IDC就曾提出，到2021年，3%的智能家居设备将搭载超宽带（以下简称"UWB"）技术。目前，这一目标完成的如何尚未可知，但在这一年中，UWB技术确实处于快速发展之中，其定位精度达到了厘米级，能够满足智能家居设备控制、数字钥匙等场景。过去，UWB技术因为超高的精度一直在B端市场发挥着无可取代的重要作用，而从去年开始，手机厂商又把其从B端推向了C端。据ABI Research预测，支持UWB技术的智能手机出货量将从2019年的4200万多部增加到2025年的近5.14亿部，以用于解锁、无线支付等应用。而在智能家居领域，除了小米的UWB技术"一指连"之外，OPPO也在2022年5月发布了一键联手机壳套装——一个支持OPPO UWB空间感知技术的手机配件，能用来精准控制其他智能家居。而老牌手机厂商青橙近日宣布，未来将通过智能手机、智能车载、智能教育、智能零售、智能家居、智能穿戴、智慧健康、智慧办公八大产品体系，来全方面、多维度地构建"Z世代"的生活方式。通过新品类的推出，让"智慧生活方式"从理念到现实更进了一步，进而从手机品牌向智慧生活方式品牌转身。

六是智能家居设备连接将更加强调一体化。智能家居设备将向一体化连接升级，综合多种通信协议，实现快速、整体的设备连接。预计在2022年，高达37%的智能家居设备将支持两种及以上连接方式。在智能家居场景中，蓝牙、WiFi、ZigBee、总线技术、PLC-IoT等通信技术各有千秋，适配不同的终端与应用，未来也很难出现某一种通信技术"一统天下"的局面。所以，在全场景智能的趋势下，智能终端势必要综合多种协议，以便实现不同系统间的互联。

七是智能家居增长势能将向全屋智能解决方案倾斜。全屋智能解决方案可能率先从环境管理及安防看护展开布局，再带动渠道合作向家装

领域拓展。据 IDC 预计，2022 年，2%的智能家居设备将服务于全屋智能解决方案。在智能单品种类逐渐丰富之际，用户对于场景化智能与整体解决方案的需求更加迫切，所以在某种程度上，全屋智能是用户需求转变之下的必然结果，这也是为何企业宁愿拆除生态"护城河"也要促成全场景智能。而无论是全屋还是全场景，其所囊括的智能系统与终端种类不是任何一家公司，以一己之力就能在全屋场景下覆盖的。跨系统、跨平台进行连接、控制、数据共享才是落地全屋智能的基础，而互联互通恰恰是突破品牌壁垒的症结所在。近年来，不仅是智能家居行业，整个人工智能物联网产业都在积极推进互联互通，从国内的开放智联联盟，到亚马逊、谷歌等牵头的智能家居连接标准，无一不是在为全场景智能连接疏通管道。而对于企业而言，在某种意义上，打通应用层也不是在侵蚀市场，而是"把蛋糕做大"。

八是年轻用户群体催生智能家居新需求。毫无疑问，我国消费结构正在随着年龄结构的改变逐步升级。如今，80 后、90 后已经成长为消费主力，其对于智能家居以及整体智能化服务的接受度更高、需求更加明确，同时也更加注重价值与体验。而年轻群体对生活品质的追求也将进一步推动智能家居布局向专业化和灵活化发展。在"智慧生活方式"的蓝图中，未来的智慧之家，将生活安全置于首要的位置。智能安防、智能联动等功能，能够全天候地监测房屋内及周边环境的变动，一旦有不明身份的人出入便会报警。而屋内用水、用电、用气等安全，也有相应的设备进行重点"盯防"监测，防止漏水、漏电、电压过荷过载、煤气泄漏等，确保水电气等 24 小时正常安全工作。

九是将快速发展家庭运动健康场景。对健身及健康管理的关注度，当代消费主力群体愈发高涨，而健身需求的增长和健身群体的年轻化将驱动家庭运动健康场景快速发展，推动新兴设备成长。这将推动家庭场景下应用付费习惯的养成。预计在 2022 年家庭运动健康场景相关智能家居设备出货量将同比增长 23%。而家庭健身场景的核心则是为用户提供一位"AI 教练"，在监督动作规范的同时，也可以通过与智能手表、腕带、手环、心率带等穿戴设备协同，实时关注运动健康。目前，包括海尔、百度、旷视科技、科大讯飞、FITURE 在内的诸多厂商均推出了智能健身镜，用户可以通过语音控制、镜面触控以及动作交互，完成健

身学习、训练。此外，以华为为代表的企业则是通过升级其原有智能设备，将其健身解决方案嵌入智慧屏中，利用屏幕搭载的"AI 智慧眼"实现运动监测。

十是将进一步提升智能家居平台隐私保护能力。智能家居平台将优化服务效率和隐私保护间的关系，高效协调本地与云端算力分配。诚然，家居场景不同于办公、安防、医疗等领域场景，私密性极强，但同时也是终端最多、最容易遭受攻击的场景，所以，数据处理本地化需求逐渐提升。如今，包括百度智能云、科大讯飞、虹软在内的企业已经成功实现了离线人脸识别与命令词识别，可以完成身份识别、语音唤醒等基础的信息处理。

二、2021 年中国动力电池行业市场分析及 2022 年展望（中商产业研究院）

2021 年，中国动力电池行业发展呈现以下特点：

一是政策支持动力电池行业发展。近年来，中国动力电池行业受到各级政府的高度重视和国家产业政策的重点支持。国家陆续出台了多项政策，鼓励动力电池行业发展与创新。《关于加强产融合作推动工业绿色发展的指导意见》提出，要加快发展战略性新兴产业，提升新能源汽车和智能网联汽车关键零部件、汽车芯片、基础材料、软件系统等产业链水平，推动提高产业集中度，加快充电桩、换电站、加氢站等基础设施建设运营，推动新能源汽车动力电池回收利用体系建设。

二是动力电池装机量快速增长。2017 年我国动力电池装机量 36.3GWh，同比增长 72%，2018—2020 年我国动力电池装机量基本在 60GWh 左右，2017—2020 年动力电池装机量年均复合增长率达 20.1%。数据显示，2021 年我国动力电池装机量累计达 140.0GWh，同比增长 165%，主要原因是新能源汽车的快速发展，带动动力电池需求增长。

三是三元电池装机占比最大。从动力电池细分材料类型的装机量看，2021 年我国三元电池装机 74.3GWh，同比增长 91%；磷酸铁锂装机 65.4GWh，同比增长 192%，增速超过三元电池。数据显示，2021 年我国三元电池装机占比最大，为 53.1%，较上年同比下降 9%；磷酸铁锂电池装机占比 47%，较上年提升 11%。

四是宁德时代动力电池装机量占比近五成。数据显示，2021年宁德时代动力电池装机量累计达69.44GWh，同比增长132%，占总装机量的49.6%；比亚迪动力电池装机量累计达23.56GWh，同比增长162%，占比达16.8%，排第二；中航锂电、国轩高科、LG新能源、时代上汽的动力电池装机量占比分别为6.1%、4.6%、4.5%、2.8%。

五是动力电池企业注册量急剧增长。近年来，我国动力电池相关企业注册量呈逐年增长的趋势，由2016年的2340家快速增至2020年的6220家，年均复合增长率27.7%。2021年我国动力电池企业注册量急剧增长，数据显示，截至2021年年底，我国动力电池相关企业注册量达2.8万家，同比增长345.7%。

六是动力电池专利申请数量增加。近年来，我国动力电池专利技术持续更新，动力电池专利申请数量整体呈现增长趋势。数据显示，2016年我国动力电池相关专利达3442项，2020年增至6139项。动力电池核心技术体系逐渐形成，为全行业高效率、高质量健康发展发挥了巨大推动作用。最新数据显示，2021年我国动力电池相关专利申请量共计3855项，受益于较强的技术壁垒，动力电池专利申请量增速有所放缓。

展望2022年中国动力电池行业，将有以下两方面的发展趋势。一方面是动力电池高镍化。由于镍是过渡金属元素，具有独特的核外电子结构，当锂离子脱出时过渡金属镍发生变价来达到荷电平衡。因此，通过提高镍含量来提高三元正极材料的可逆容量是必然发展趋势。未来，随着高镍化的渗透率进一步提升，制造正极材料所需的硫酸镍用量将迎来加速增长。另一方面是细分需求推动电池路线多元化。随着国内新能源汽车市场逐步走向成熟，更多细分市场将进一步塑造动力电池市场格局。随着新能源汽车产品多样化，预计不同地域使用的动力电池种类也各不相同，2022年将更加细分中国新能源汽车市场。此外，磷酸锰铁锂电池、固态电池、富锂锰基电池、钠离子电池等新电池技术路线也将不断进入大众市场。

第十二章

2022年中国消费品工业发展走势展望

第一节　整体运行趋势

一、全球新冠肺炎疫情对生产规模影响逐步消退，增速预计将有所分化

2021年1—9月，消费品工业14个主要大类行业工业增加值增速同比均实现明显提升。展望2022年，消费品工业生产预计将在现有基础上继续恢复，但增速将有所放缓，主要产品生产能力有望在2022年年中达到疫情前水平，不同行业预计有所分化，医药、产业用纺织品等生产增速预期好于其他行业，与疫情防控、提高免疫力相关的大健康产业将维持相对较高的生产增速。

二、全球贸易形势有所回暖，出口市场面临结构调整

2021年1—9月，除农副食品加工业、酒、饮料和精制茶制造业外，其他大类行业出口交货值均实现同比增长。展望2022年，我国消费品外贸发展面临的环境更加复杂严峻，主要进口国通胀压力较大、内需不振，同时，一系列区域贸易协定签署有望推动外贸市场多元化发展。其中，轻工、食品领域主要子行业出口交货值已超过疫情前的2019年同期水平，预计增速将有一定程度下降，橡胶和塑料制品业、化学纤维制造业出口预计保持增长态势，增速较今年的高增长状态有所降低。

三、固定资产投资缓慢恢复，消费需求有望进一步释放

投资方面，2021 年 1—9 月，除化学纤维制造、农副食品加工、橡胶和塑料制品等 5 个行业外，其他 9 个大类行业固定资产投资增速均低于制造业平均水平。消费方面，2021 年 1—9 月，我国社会消费品零售总额同比增长 16.4%，其中，城镇与乡村零售额增速分别为 16.5% 与 15.6%。展望 2022 年，国家稳经济、促消费政策加力增效，将一定程度推动投资消费回暖，对中小企业占比较高的消费品行业投资注入更多信心和活力，造纸及纸制品、橡胶和塑料制品、化学纤维制造等原料型行业投资热度已维持一段时间，由于节能减排、市场调节等因素，预计 2022 年下半年增速将有一定程度下降。主要产品零售额预计将维持平稳增长，增速较 2021 年有所降低。

四、受地缘政治因素影响，部分产业链供应链环节或将造成扰动

受俄乌冲突以及国际地缘政治因素影响，我国食品行业与医药行业或将受到一定影响。一是我国由俄乌进口农产品原料规模逐年提高，乌已成为我国进口玉米、大麦和葵花籽油的第一大来源国，占比分别达 29.0%、25.7%、69.4%，其中，我国大麦进口依存度超过 80%，有关国家出口受限造成国际价格上涨，导致国内供应整体趋紧，提高啤酒加工等行业生产成本。二是我国大豆、食糖、乳、钾肥等原料和生产物资对外依存度较高，需警惕国际价格上涨、贸易量萎缩，推高生产物资进口价格及由于主要进口国种养殖成本提高传导我进口原料成本上涨。三是在乌累计由我国企业或机构发起的临床试验项目超过 220 项，以生物医药领域为主，其中，81 项处于花费高昂的三期临床试验阶段，冲突导致试验停滞，已开展项目的未来前景尚不明朗。

第二节　重点行业发展走势展望

一、医药

（一）营业收入增速将恢复常态

近年来，受到产业结构转型升级、政策需求端政策调整和全球新冠肺炎疫情等多重影响，生物医药产业营业收入增速呈放缓趋势，2020年增速仅为4.5%，但仍高于全工业平均水平3.7个百分点。2021年以来，中国境内疫情在有效防疫措施下基本得到了控制，相当一部分医药公司经历了疫情影响带来的相关业务增长，截至2021年9月，我国医药制造业营业收入较上年同期累计增长24.4%。预计2022年，随着国内疫情持续稳定，相应的营收和利润贡献也逐步趋于稳定或回归常态，医药制造业营业收入增速预计在7%~8%。

（二）行业集中度进一步提高

近年来医药行业以产业链布局延伸、借壳上市、资产重组及海外先进技术和研发能力引入为目的，进行了大规模的投资并购活动，推动了行业资源整合。预计2022年，随着药品审批审评制度改革、集中采购、医保控费及目录调整等变革，市场对企业自身实力和融资能力提出更大的考验，小型药企难以为继，其将通过兼并、重组等方式被纳入大型药企体系，未来行业集中度有望进一步提升，百强企业主营业务收入占比将达到35%以上。

（三）创新药销量不断提高

近年来，生物医药龙头企业研发投入持续增加，大型本土药企每年研发费用达到10亿元以上，研发投入占营业收入比例10%以上。2020年生物医药百强企业平均研发费用达历史新高的6.3亿元。生物医药研发投入的创新成果显著，新药获批数量逐年增加，2020年获批上市Ⅰ类新药16个，2021年创新药市场占整个医药市场的比重为9%。预计2022年，随着与创新药密切相关的药审、产业环境及支付终端环境的不断改善，未来创新药整体市场空间仍将保持快速增长，创新药市场占整个医药市场的比重将达到12%。

（四）技术进步不断催生行业创新

数字科技的进步给生物医药产业的发展带来新变革。2020年迄今，受全球新冠肺炎疫情的影响，"互联网+医疗健康"服务体系进一步健全。"互联网+医疗服务""互联网+公共卫生服务"快速发展，远程医疗、疫情排查等系统的应用，促进了医院、医务人员、患者之间的有效沟通。预计2022年，随着5G、人工智能等技术的发展，医疗健康设备的数字化、智能化制造水平将进一步提升，基于人工智能的临床诊疗决策支持系统、医疗保障结算服务系统将进一步完善。

二、纺织

（一）地缘政治因素等外部环境对行业影响较大

2022年，我国纺织行业面临的发展形势将更加复杂严峻，不确定、不稳定因素层出。新兴市场国家和发展中国家群体性崛起，世界多极化加速演进。中美之间的博弈仍在加剧，美国通过了排除新疆产品进入国际供应链的所谓"H.R.6256涉疆法案"，并以设置实体清单等形式不断加大对中国企业的遏制。大国博弈正在对产业未来发展产生深远影响。全球新冠肺炎疫情形势依然严峻，既有的国际治理体系呈现"超载状态"，全球进入了规则的深度调整期。如何适应地缘政治博弈带来的新变数，成为行业面临的重要挑战。

（二）大中小企业以及产业链上下游企业分化加剧

2021年前三季度，纺织行业171家上市公司营业收入同比增长30.5%，利润总额实现同比63.5%的较快增长，超过2019年、2020年全年的利润规模，但是中小企业同比利润下降较大，面临着更大的生存压力。同时，产业链上下游行业企业分化明显。2021年1—11月，产业链上游的化纤、棉纺行业利润总额增长明显，同比涨幅高达221.9%和72.3%；中游家纺、面料等行业利润同比增长普遍处于20%~45%；而

下游服装行业基本保持负增长，两年平均负增长 5.6%左右。展望 2022 年，受到国际经济形势与市场原料价格波动、内外需市场低迷、价格传导机制不畅等因素影响，产业中下游仍然面临较大增长压力，中小企业成本高、资金周转难等问题依然严峻。

（三）内需市场有望缓慢复苏

2021 年，社会消费品零售总额超 44 万亿元，同比增长 12.5%。纺织服装行业作为重要的民生产品，为拉动内需增长做出积极贡献。2021 全年限额以上服装鞋帽、针、纺织品类商品零售额同比增长 12.7%，2021 年 1—11 月网上穿类商品零售额同比增长 11.1%。但同时我们也要看到增长乏力的一面，2021 年，限额以上服装鞋帽、针、纺织品类商品零售额增速在 15 大类产品中位居第 11 位，穿类商品网上零售额与疫情前相比增长水平仍然偏低。展望 2022 年在国家相关促内需政策的刺激下，全国纺织服装行业零售额有望稳步回升，网上零售额将呈现快速增长。产业用纺织品受防疫物资拉动，市场需求比较旺盛。纺织行业要更多关注新的生活方式、新的应用场景、新的模式创新，在细分领域找突破、做文章，进一步激发内需市场潜力。

三、食品

（一）奶粉行业将迎来新一轮的洗牌

2021 年奶粉新国标《食品安全国家标准 婴儿配方食品》《食品安全国家标准 较大婴儿配方食品》《食品安全国家标准 幼儿配方食品》正式出炉，2023 年 2 月 22 日起正式实施。在旧版国标的基础上，新国标进一步考虑我国婴幼儿生长发育特点和营养素需求量，调整优化营养成分的同时对企业的生产能力以及产业链资源等都提出了更高的要求，贯彻落实"最严谨的标准"。新国标发布后，各大乳粉企业都需在新国标要求下申请配方注册。奶粉行业供给侧改革实质性提速，奶粉行业洗牌进一步加剧。

（二）部分行业亏损严重

2021年，规模以上食品工业企业数量为36343家，较上年增加了1101家；亏损企业数量达到6435家，同比增长10.7%，亏损面为17.7%，其中大部分为中小企业。制糖业受制造周期和糖价波动影响亏损较为突出，亏损面达32.1%，亏损深度达52.4%。展望2022年，受人工、包材、运输等成本增加、市场价格波动、疫情反复等因素影响，预计制糖、屠宰及肉类加工、水产品加工、葡萄酒等行业亏损依然较为明显，亏损面和亏损深度可能进一步扩大。

（三）出口和投资呈现结构性分化

出口方面，2021年食品行业三大分行业出口交货值均呈现增长态势，同比分别增长3.5%、14.5%、3.4%。展望2022年，伴随后疫情时期国外相关企业产能恢复，部分生活保障类食品出口可能有所减少，国外消费需求复苏，非刚性食品如焙烤食品、糖果巧克力及蜜饯等出口交货值可能出现回升。投资方面，2021年食品三大子行业固定资产投资额分别同比增长18.8%、10.4%、16.8%，展望2022年，行业整体投资信心开始恢复，其中食品制造业投资信心相较于其他两大行业会略显不足。

四、轻工

（一）行业数字化转型将进一步加快

随着轻工行业整体的智能化、数字化水平不断提升，特别是智能家电、电池、家居、可穿戴产品等行业智能产品和数字化车间的数量快速增长，有力地促进轻工业提质升级扩容。智能产品相关的标准制定、系统集成和规模应用等工作加快开展，轻工行业产品整体质量将大幅提升，绿色、智能的高品质产品将推动轻工行业转型升级。

（二）国内消费市场预期平稳增长

在扩内需促消费和国内国际双循环新发展格局的驱动下，2021年轻工产品消费市场呈现恢复性增长。2022年在提振工业经济的政策导

向下，加之扩内需促消费系列政策的持续影响，国内消费市场预计持续平稳增长，并将对消费品行业内需增长形成稳固支撑。随着轻工行业的数字化转型升级，产品质量的持续提升，轻工行业的消费市场将保持稳定增长态势，其中，家具、家电、个护产品等行业增势将较为显著。

（三）外贸回稳有望进一步巩固

全球新冠肺炎疫情仍在全球蔓延，我国疫情防控取得成效，率先完成复工复产，在区域和全球部分行业产业链重塑过程中具有先导优势，且在多元化外贸出口战略的导向下，除了巩固美、欧、日等传统国际市场外，也在加快向非洲、东南亚一些国家的贸易市场进军，随着区域全面经济伙伴关系协定（RCEP）的正式签署，我国与东盟、日韩的国际合作持续加强，这将推动我国轻工业出口在多变的国际形势下保持平稳增长。

后　　记

　　为全面展示过去一年国内外消费品工业的发展态势，深入剖析影响和制约我国消费品工业发展面临的突出问题，展望未来一年的发展形势，我们组织编写了《2021—2022年中国消费品工业发展蓝皮书》。

　　本书由刘文强担任主编，代晓霞、李博洋负责书稿的组织编写工作，王旭（第一章和第八章）、陈娟（第二章）、于娟（第三章）、魏国旭（第四章）、许靖（第五章）、王曦（第六章）、杨俊峰、陆安静、路煜恒（第七章）、凌黎明（第九章）、曹慧莉（第十章）、李磊（第十一章）、代晓霞（十二章）等参与书稿编写。在本书的编写过程中，得到了消费品工业司何亚琼司长等诸位领导的悉心指导和无私帮助，在此表示诚挚的谢意。

　　本书是目前国内唯一聚焦消费品工业的蓝皮书，我们希望通过此书的出版，能为消费品工业的行业管理提供一定的指导和借鉴。由于我们的研究水平有限，加之时间仓促，书中一定存在不少疏漏和讹谬之处，恳请各位专家和读者批评指正。

中国电子信息产业发展研究院
消费品工业研究所